U0035962

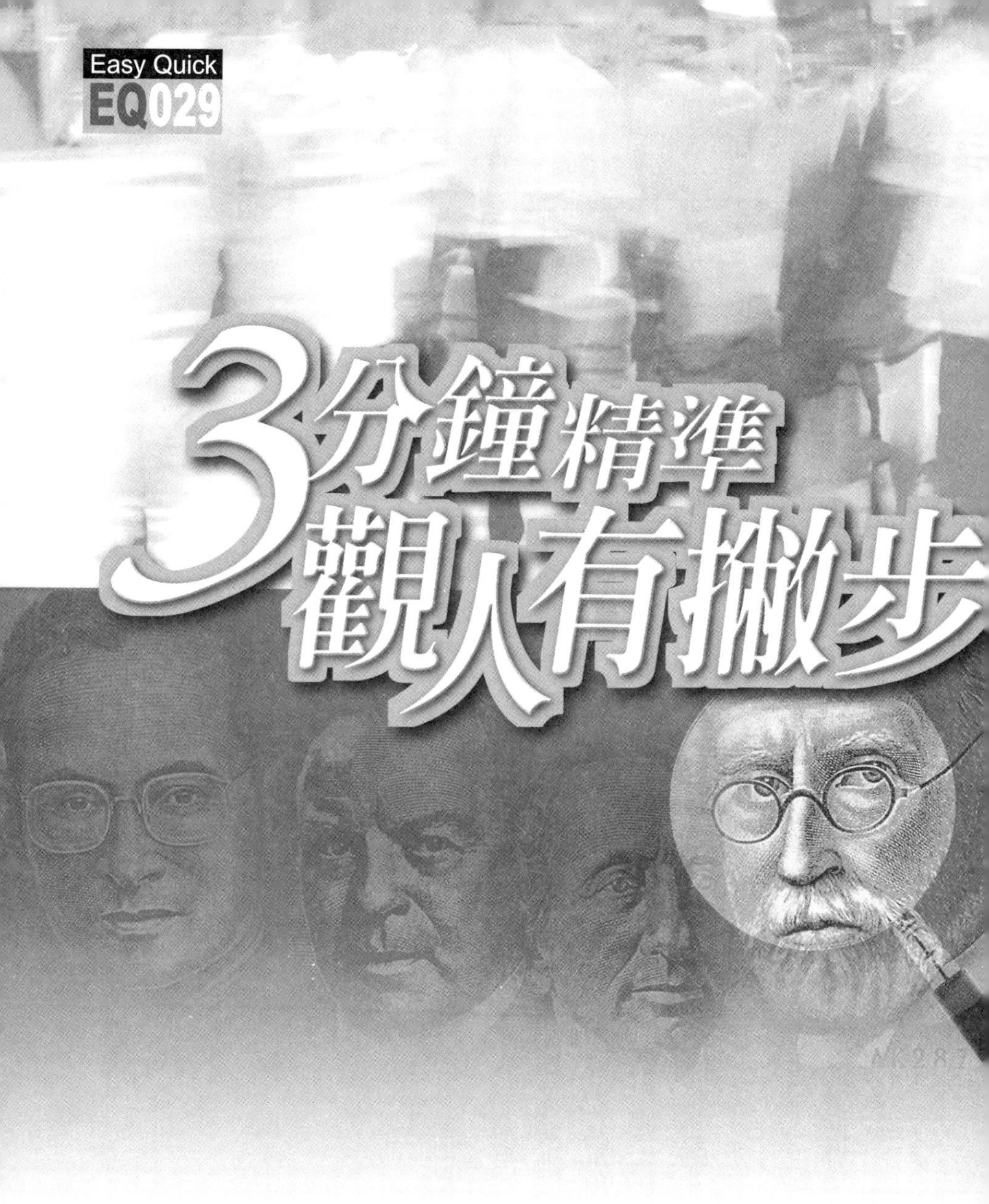

天一居士◆著

掌握命運不求人

天一居士

萬般皆有命，半點不由人的時代已經過去了！現在，你應該好好看清命運、了解命運，並進而掌握生命中的每個機會，趨吉避凶，作個無往不利的大贏家！

編寫本書的目的即在於介紹淺顯易懂的中西命相學知識，以實用的角度來告訴你巧妙運用面相、手相、血型及星座等相術，在一瞬間就能觀人於無形之間，並藉此順利拓展人際關係，找到好員工或是選擇好頭家；為自己的事業把脈，創造美好前程。

本書亦可成為你的戀愛參謀；難解的愛情習題，到你手上全都迎刃而解。並告訴你何時該結良緣？如何辨識真正的白雪公主及白馬王子，了解世人的戀愛觀，使你既能投其所好又可知所進退；更助你一窺飲食男女的性嗜好、性態度，從此你將躍登情場，儼然以愛情博士自居，不但為自己開創良緣，還能廣結人緣呢！

天助自助者，知命便能掌握命運，人生因而少走許多冤枉路！本書旨在提供讀者簡單易懂的中西算命資訊，讓讀者自助算命，不必輕易求人，就能掌控未來走向，為自己的人際關係、事業前程、戀愛婚姻，作出最妥善的規劃與選擇。

不過，本書只提供簡易的面相、手相及血型、星座等對命運的影響，而非深入的研究。舉凡談命論相，淺則淺矣，深則與天地萬物造化融通，其中的深奧，恐怕窮畢生之力亦難完成。這不是本書的立論點及編寫宗旨。

這是一本多元化融合實用命相的書，它的閱讀對象也非常廣泛——無論你是人生旅途的新兵或是沙場老將，無論你對未來是躍躍欲試抑是憂喜參半，都可以從其中找到你所想要的，還能從此自行簡易算命，不但不求人，並可參透生命的起起落落，從無知懵懂到胸有成竹，且化被動為主動，把握每個來臨的契機，為自己前途，贏得勝利！

但願本書為你開啟一道未知世界的門，並藉著它，建立幸福、美滿的成功人生！

目錄

縱橫四海的秘訣

～～公關觀人術

在這個競爭激烈的社會裏，擁有良好的人際關係，才能縱橫四海，使自己立於不敗之地。

人際關係指的是人與人之間的互動。但在這個人人習於披掛假面具的世界，許多友善的關係不過是刻意捏造的假象，到了緊要關頭，不但派不上用場，反而使自己遭殃。

要成為一個公關高手，光是發展個人魅力及善解人意是不夠的，因為除了使自己得到好好先生或小姐的稱謂，其他一點用也沒有，而且還容易容騙、上當，或被人視作占便宜的對象。但若是搖身一變，成為見人說人話，見鬼說鬼話，恐怕很快就會被人識破；而且一旦被烙上「老狐狸」的標記，只怕人人敬而遠之。

真正的公關高手是得來不易的，其中最重要的一門必修課，就是觀人術。如果能藉由觀人術來了解對方，進而找出應對之道，才能真正做到知己知彼、百戰百勝。

如此，在這個處處是考驗的社會中，你不但可以洞燭先機，遠離奸佞小人，結交良師益友，安全而成功的經營自己的人際關係。

要成為公關高手之前，先把眼睛擦亮，還有保持頭腦清醒，當你的公關對象進入「射程範圍」時，別忘了看清楚他的長相，最好也摸清他的手相，再旁敲側擊他的星座血型，多方面的了解。

不過先叮嚀你，這些觀人動作可以分解完成，別一次急著做完，讓對方誤以為你在身家調查還是盯梢跟監，反而功虧一簣。慢慢來，只要你學會了，有的是機會讓你在人際關係之中逍遙行走，縱橫睥睨。

1.察言觀色一瞬間

——面相觀人術

與人初見面，只能憑印象打分數，不過，先把焦距固定在對方的臉上——面相，這是揭開一個人神祕面紗的第一步，也是極重要的一步。

讓我們從五官開始——

☺眼睛——心靈的雷達站

眼睛，就好像一個人的心靈雷達站。古語曾云：「觀其眸，知其心。」無論多會演戲的人，眼睛總會透露出其若干心思。

當雙方四目交接時，眼神等於是彼此交流的開始，也是最好的觀測起點——有的人眼神呆滯，如果不是睡眠不足，那就是智商、反應都略遜一籌。相反地，如果看見銳利明晰的眼神，至少證明對方是個智慧、反應、洞察力都不錯的人，而且在你觀察他的同時，他也在打量你究竟是何等人物。

這種諜對諜的交流以遇見多疑閃爍的眼神最為精彩刺激！當對方眼神不及，而且盡量避免與人的目光相接，此人必定性格趨向多疑、膽怯，往往以自我為中心，不易相信別人，也鮮少為別人的立場著想。

睡眼惺忪的眼神並不少見，但如果是精神飽滿卻還一副欲振乏力的樣子，那麼也絕對不是一個積極進取的人，相反地，可能非常懶散及消極，甚至喜歡沈浸在個人的幻想世界，而有逃避現實的傾向。

有的人一瞪眼，就好像血腥暴力片中的殺人魔王一樣恐怖。這種凶暴易怒的眼神，通常代表他本性就是一個憤世嫉俗，情緒容易因激動而失去理智的人。

一般人都認為明亮清澈的眼神就表示其人品必定光明磊落，值得信賴，事實雖是如此，但也有程度之分。最好的判別方式就是視其對突發事件的反應，如果正值悲傷或恐懼之際，這樣的眼神沒有任何起伏，依然冷靜自持，那麼你就遇見一個善於偽裝的高手了，是善是惡，是敵是友，還有待細察。

與眼神最息息相關的便是眼睛的大小及形狀。擁有翦水雙瞳固然動人，但可別以為大眼睛就一定是深情無悔。眼睛大的確是熱情、善解人意的象徵，但也代表個性外向、不安定，對事情常常全神投入，卻只有三分鐘熱度居多。眼睛細小狹長的人多半理智重於感情，反應雖不敏捷，但個性趨向沈穩保守，心思細密而且耐力十足。要是跟這種人冷戰或是僵持，非得特別有耐性才行。

眼睛的形狀也各有千秋，圓形、方形、三角形都有不同的個性及行事作風（見圖）。圓眼在戲劇及電影中，是正派男、女主角的必備條件，代表心胸坦蕩、光明磊落、聰明善良。回到現實人生來說，圓眼的人雖未必是好人好事的代表，但作惡的機會不大。

方形的眼睛長得十分有個性，但實則正好相反。方形的眼睛代表一個不開闊、內向被動的人生觀。長方形眼睛則是俗稱的鳳眼，是中國古代俊男美女的標準眼形。目前雖然行情不如以往，但仍是公認有魅力的眼睛。但整體來說，擁有鳳眼的人內心未必像外表般迷人自信，而且得失心重，相對的也是善妒人種。

三角眼的人是最適合反派戲路的，因為生就一副自私自利、斤斤計較、專擅權術的野心家模樣。這未免誇大其辭，但三角眼的人的確是較常人主觀固執、精明厲害，而且心胸不夠寬大是事實。

另外要提的是所謂的「白眼」（見圖）。即指眼白的面積多於瞳孔許多。一般所說的三白眼，是指瞳孔的位置偏高或偏低，導致眼白浮露在其上方或下方。

此類形的眼睛表示其人倔強叛逆而多疑，會為了自己而犧牲別人，最可怕的是還有隱藏的暴力傾向，且多記仇記恨，容易為自己及他人帶來災禍。著名的殺人魔王史達林及希特勒，都擁有一雙三白眼。

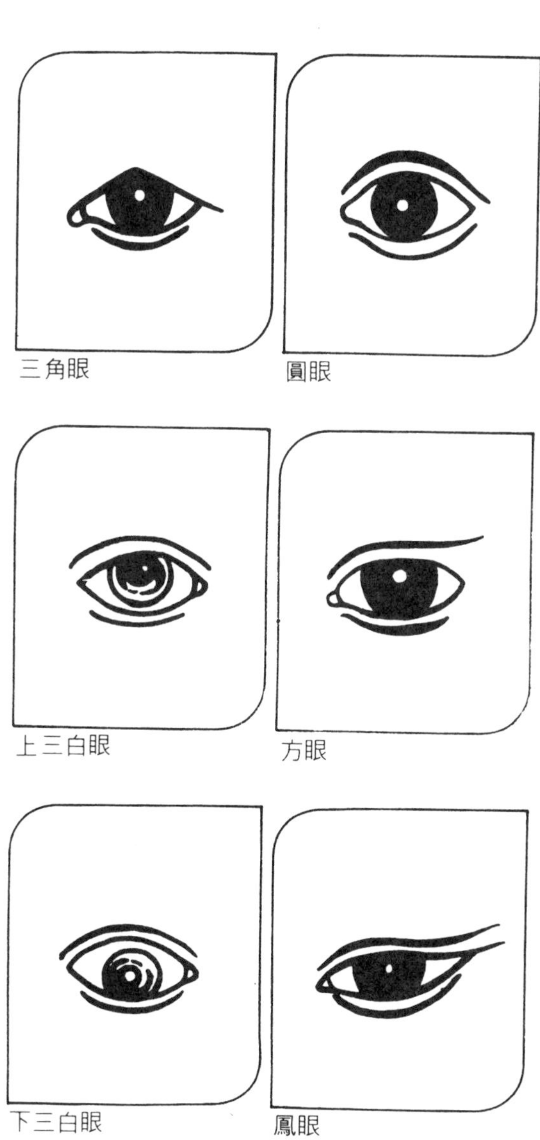

三角眼　圓眼

上三白眼　方眼

下三白眼　鳳眼

☺眉毛——斷人的正邪善惡

眉毛與眼睛的關係自是十分緊密相連，兩者構成所謂眉宇，常有觀人術高手以眉宇之間的神色，來斷定其人的正邪善惡。

眉有稀疏濃淡、長短等不同形狀的區別。提到稀疏的眉毛，其人際關係亦如此，和親友之間的緣分很淡，本身更是一個缺乏主見及立場的人。濃密的眉毛多是個性倔強、獨立的人，雖因堅忍不拔而能有所成就，但卻是天生勞碌命。最明顯的例子就是軍人出身的前行政院長郝柏村。

長而秀氣的眉毛，是許多文人雅士的註冊商標，表示其人文采、學識豐富，聰明進取。短眉，是係以未超過眼睛長度為準。眉毛越短，代表個性急躁浮動，而且有孤獨的傾向。

細長的眉，多是所謂的富貴相。粗短的眉，不僅浮躁而且勞碌。眉毛若有斷線，表示此人性格多重且善變。眉毛若是倒著長，看起來逆亂無章的人，只怕不是殺人犯就是有躁鬱症傾向的人。眉毛若是長得秀氣，多是少年得志，心地光明純潔者，至少與作奸犯科絕緣。

眉形也是值得研究的一門學問。近幾年吹起復古風，許多女性都將眉形修成一字眉的模樣（見圖）。其實真正的一字眉代表的是其人勇敢有衝勁，不是大冒險家就是巾幗英雄，具有我行我素的獨斷作風，絕不是盲目跟隨流俗的人。

八字眉常是喜劇演員的招牌，例如世界最偉大的笑匠卓別林。他的憂喜表情何以如此深刻明顯？除了演技，全拜八字眉所賜（見圖）。八字眉大多沒有心機，而且平易近人，多是好好先生或小姐，但也常是被人占便宜的對象。

常有人形容美麗的眉形猶如一彎新月。新月形的眉毛人如其名（見圖），不但富有藝術才華，而且積極進取，行為也十分規矩合宜，感情與理性保持平衡，個性明快果決，許多菁英分子和領導人才，大多具有這樣的眉形。

眉骨突出，導致眼眶深陷的人，常帶給人不可一世的感覺。這種人除了內心相當驕傲，聽不進任何人的話以外，還具有強烈的企圖及野心。但這也是意志堅強、不畏艱難的象徵，往往越挫越勇，終於獲致成功。

一字眉

八字眉

新月眉

☺鼻子——觀人的視察重地

鼻子是臉部五官的主體架構所在，也是觀人術的另一項「視察重地」，欲成為公關高手的你，會發現其中的學問可多著呢！

鼻子可分為鼻梁、鼻準頭、鼻翼（鼻之兩側）還有鼻孔（見圖），分別拆開來看有不同看法，合起來又是另一番說辭。不過為求周全，在第一眼初識之際，還是以鼻子的全形來作判準。

高而挺的鼻梁，圓而多肉的鼻準頭，飽滿的鼻翼，幾乎不外露的鼻孔，是公認最完美、最有福氣的鼻形。只可惜這種鼻形少之又少，說不定還要靠整容才能完成呢！

高鼻梁的人，未必如一般所說的好命。鼻梁高、鼻子長，準頭細小，多是重視享受花費無度的人。比較理想的是長度適中，鼻梁挺直，準頭較尖的鼻形，此類型的人沈穩持重，心思細密周全，值得相信及依賴。

換言之，彎彎曲曲、凹凸不平的鼻子，就要特別注意了。

鼻子彎曲的人，多是心機深沈，思慮縝密；若是準頭尖細，常是小人的特徵；

至少不是重信義、感情的人。

鷹鉤鼻是鼻子彎曲、鼻頭如鉤而得名（見圖）。相學曾說，「鼻如鷹鉤，取人腦髓。」這說法或者失之客觀，但鷹鉤鼻的人不簡單、擅於精打細算卻是事實。許多知名的政客（如季辛吉）、當紅的演藝人員（如劉德華）都是。而他們在逆境中求生的本能及手段也比他人來得強。總之，遇見鷹鉤鼻人士，雖不至步步為營，但千萬不可小覷對方。

凹凸不平的鼻子表示人生的路途較崎嶇、坎坷，而且性情比較古怪、不合群，尤其不擅長經營自己（見圖）。但又非常喜歡大放厥辭，卻不見有任何實際行動配合。

鼻梁較低而凹陷的鼻形，如果準頭下墜，往往表示其個性隨波逐流，而且自卑怯懦，凡事往壞處想。許多憂鬱症的患者，都有這類的鼻形。

鼻子的長短和耐性的多寡成正比。鼻子越長，思慮越多，但也容易想過頭，毫無決斷力。鼻子越短（不及臉部三分之一），最好別寄望他會有耐性與人斡旋，甚至不要因為過於衝動魯莽壞事才好。

鼻子無論長短或大小，鼻頭豐隆表示其人較重感情。反之，萬一長得像波爾先生（波爾茶的代表人物）鼻子尖尖的，也就是鼻頭尖細無肉，看起來不但冷靜精明，而且個性也趨向無情無義（見圖）。較溫和的說法是，理智完全淹沒感情，即使天塌下來也不為所動。

鼻子的下方就是嘴唇，是言語溝通的媒介。不論是花言巧語或是真假承諾，都從嘴巴說出來。與其從言語斷定一個人的真誠或虛偽，倒不如從唇相著手。

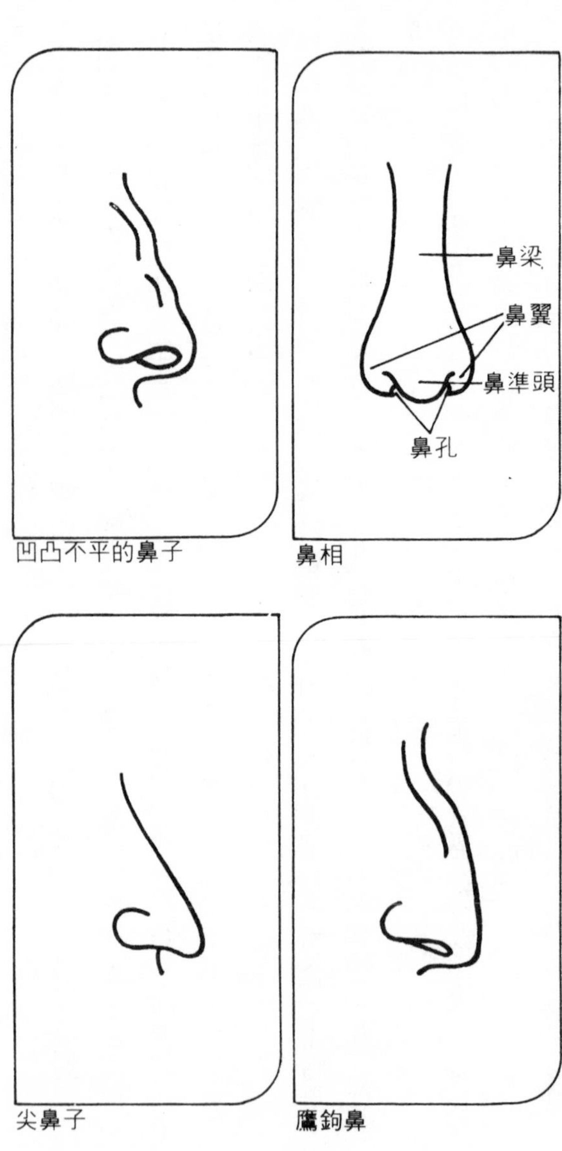

鼻相　凹凸不平的鼻子　鷹鉤鼻　尖鼻子

☺嘴巴——感情的指南針

嘴巴的大小，關係一個人對感情的態度及看法。嘴型大的人較熱情大膽，個性開朗，所以容易結交朋友，擁有良好的人際關係。但是嘴大雖然吃四方，其散佈謠言的能力也是一流的，是絕佳的傳聲筒人選。嘴小的人，向來對自己及他人的秘密守口如瓶，值得信賴。但是不似嘴大的人性情開朗，常有鑽牛角尖及與世隔絕的傾向。

嘴唇的厚薄，常被人視為性感的標準尺寸。事實上，看起來嘴唇厚的人，口才較拙，比較重感情，也容易相信別人。有時不但無法「勾引」別人，反而常常感情用事。性感之說，只是恭維罷了。

上唇較下唇厚（見圖），口才倒是一流的，如果不想參加辯論大賽，那就少與這種嘴形的人口角爭鋒。而且此類型的人非常一絲不苟，講求生活品味及細節，並不容易相處。但是遇到同好，卻又熱情洋溢，是排他性極強的族群。

若是下唇比上唇厚（見圖），口才更是一流，但真誠度如何還有待商榷。而且擅於製造新聞及煽動情緒的人，大多都是這樣的嘴形。

嘴唇薄，倒也不是真的薄倖無情，只是作事較保守理性，鮮少感情用事。在這個社會小心謹慎，並無不當。但若嘴唇越薄，那就具有無情的傾向了，而且常常語帶尖苛，挑剔旁人的言行舉止，足以稱為難纏之輩了。

嘴角是構成臉部表情之所在，無論歡喜或是悲傷，嘴角都會適時表現出來。

嘴角兩端微微上翹成一稜角，即是所謂的嘴角起稜（見圖），多是天生的演說家，而且論點精闢幽微，極具說服力。但也有可能太會說話了，行動力及誠意反而不足，值得考量。

嘴角上揚的人自信十足，多是樂觀主義的信徒，而且容易溝通。嘴角下垂的人常有神經質的傾向，凡事都往壞處想，所以不但個性陰鬱，也不容易交心或溝通，可能還是頭號的麻煩人物。

看嘴形觀人如何，勝過傾聽千言萬語。

上唇比下唇厚

下唇比上唇厚

起稜角的嘴型

☺耳朵——聽不見的玄機

常聽到有人說耳大是福氣的象徵，究竟耳朵的大小到底暗藏什麼玄機呢？其實，耳朵的尺寸還是配合臉型較適合，一般來講，配襯臉型大小適中的耳朵才好，否則不但自己彆扭，別人看了也覺得奇怪。

耳朵生長的位置，以眉毛鼻準頭之間為最理想（見圖）。通常，英雄出少年的耳字大都比眉毛高，反之則是愈老愈發，一生事業晚成的情形。但這只是粗淺的看法，還要視耳朵的形狀、厚薄長度來判斷（見圖）。

渾圓形的耳朵是俗稱的英才傑出相（見圖），不過在現代也只能說是作事如得神助，比較容易成功。要注意尖形耳朵的人（通常外星人都是這種長相，見圖），他們雖然不是異形，但是大都屬於頑固、不易被說服的人種，要和這種族群溝通，除了口才要好，還得有超強的耐性。

內耳比外耳突出，性情開朗外向，做事充滿活力。外耳若較內耳突出，多是保守派人士，而且還會帶點慵懶。厚耳朵表示衝勁夠，自信心強，耳朵越薄，為人處世就消極得多。

長耳朵，是指耳朵長度自眉毛起始超過鼻準頭，越長就越有成就。坦白地說，就是善於應用他人的長處來奠定自己的前途。歷史上的劉備，便是長耳族，他雖然本身才能並不怎麼樣，但卻能得到智謀蓋世的諸葛亮輔佐，這就是他過人之處。

短耳族多是天助自助者的信徒，一生前途大半靠自己打拼，很累但也很固執，而且對於長袖善舞那一套是不感興趣的。

有人喜歡在耳垂上扎耳洞，有時還扎好幾個，希望戴上耳環後看起來更時髦。但這就影響我們對耳垂形狀及大小的判斷了。

一般來說，耳垂較大及厚的人重視感情，往往許多情聖就是出自於斯。耳垂小但是厚，表示感情豐富但喜壓抑，一發就不可收拾。耳垂愈薄就愈理性，雖不至於無情，但卻是現實主義者。

別看耳朵長在臉的兩側，它所暗藏的個性玄機可多著呢！有待更仔細的觀察。

耳朵的理想位置

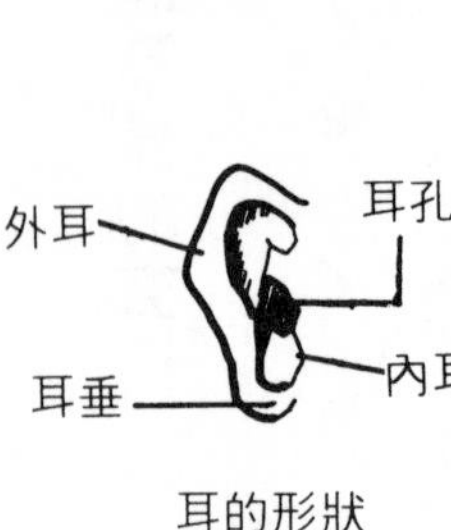

耳的形狀

渾圓的耳朵

尖耳朵

☺臉型——性格導航員

端詳完了五官，別忘了看臉型是圓是方是扁，這可決定一個人性格的主要傾向。

先來看看人稱一臉善良的圓型臉（見圖）。圓型臉可分為正圓形及上圓下尖的蛋形臉，而以正圓形臉最有福氣，因為渾圓的下巴代表有福之人。所以正圓臉大多性格比較合群、溫和，至少非常重視人際關係的和諧。蛋形臉也很識大體，但城府及手腕都要多一些，而且下巴越尖，思慮也越深，值得注意。

方臉者人如其名（見圖），是十分有個性的人，若兩顴偏高，表示這是個唯我獨尊，至少是本位主義相當濃厚的人。

弦月型臉即下巴呈戽斗狀，此型人不論個性內向、外向，都是直言不諱的人，雖具有道德勇氣，但也常是引起軒然大波的主角。

有稜有角、輪廓突出的臉型常被人戲稱為殺手相（見圖），不過許多知名的模特兒、藝人大多有這種臉型。冷靜、實際是這種臉型最大的特色，他們可以為了達成目標而不惜一切付出及努力，更不會輕易屈服，即使誤入歧途也會貫徹到底。但是他們也多是利己主義下的信奉者，為了成功，就算是犧牲別人也無所謂。

還有一件事要提醒您，就是無分什麼臉型，若是腮幫子特別寬闊，便形成所謂的耳後見腮（見圖）。此種情況表示主人翁是一等一的算盤高手；性格精明，頭腦十分清楚，尤其非常會利用別人成就自己，一己之好惡全憑對方有用、沒用。簡單地說，是計算十分精確的自私自利者。

✍關於面相的原理部分，請參照附錄㈠命相小百科：神奇的臉（面相原理介紹），有詳細的說明及介紹，幫助讀者更加了解面相的來龍去脈。

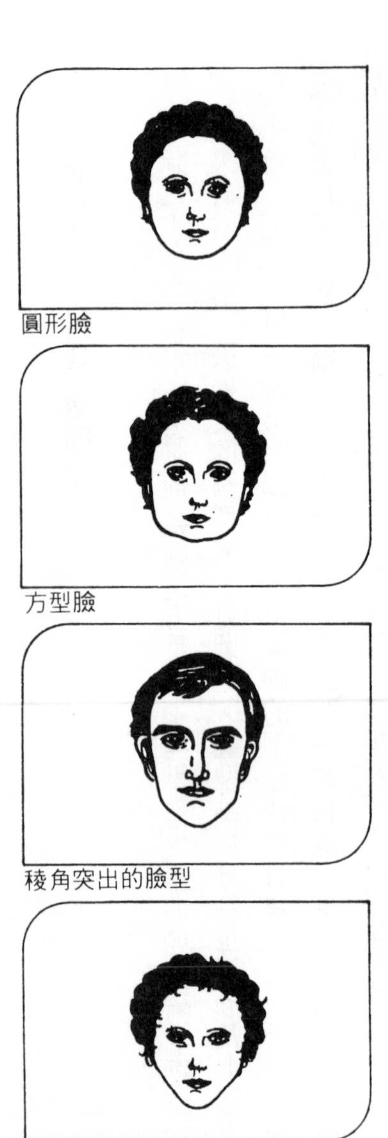
圓形臉
方型臉
稜角突出的臉型
耳後見腮的臉型

2. 掌上乾坤趣事多——手相觀人術

一面之緣後，要進一步打開話匣子的時候，有志成為觀人術高手的您，不妨先握個手，從手開始了解對方更多的祕密。

掌上乾坤可不簡單，從握手到看手紋手相，每一步驟都不可或缺，尤其從握手的那一剎那起，對於是冷血或是熱心，立見端倪。

☺握手學問大無窮

男士們最喜歡以握手表示相見好。注意了！不管是男是女，這一握可就學問大了。

通常握手十分用力的人，熱情洋溢，但也十分霸道，讓你感覺溫暖但也有可能吃不消。力道適中的人是思想家，看似禮貌實則仍在觀察，要建立深刻友誼並不容易。最值得商榷的是握手像棉花一般輕軟，那麼你最好不要被他臉上的笑容所蒙蔽了，因為他極有可能把人情看得比鴻毛還輕。

握手，還可以知道對方手的粗細、厚薄、大小，不過握手的時間不宜太久，免得讓人覺得太過唐突。

手掌粗糙的人，大多是粗線條，因為這跟他從事的工作多為勞力有關。手掌細緻的人非常細膩，而且也比較體貼。

手掌若厚又大，表示其人極有魄力，而且精力充沛，不會受外界影響。手掌厚而小，強韌，耐力十足，有自信保守亦有成。手掌薄而大，容易流於不切實際，往往說得比做得好，而且容易半途而廢。手掌薄而小，人生格局十分有限，常常情緒化，易受外界影響，連帶工作也是意興闌珊。

☺掌紋是心思的情報傳遞站

掌紋是一個人心思的情報傳遞站，掌紋粗細與否，各掌紋線形狀及位置，都有不同意義。

剛才曾說大手是大決斷、做大事的象徵，只是第一步驟，須搭配掌紋組細才更明確。手大而掌紋細，是宜攻宜守的上等人才，有頭腦也有行動力，意志非常堅強。手大而掌紋粗，往往流於四肢發達、頭腦簡單，做自己熟悉的例行公事可以表現傑出，跨行發展或面對複雜情況可就不行了。

總體說來，掌紋越細表示心思細膩，想得多、看得遠，可也容易鑽牛角尖，掌紋粗則正好相反。不過這也只是第二步，要了解更深，必須從各個不同名稱的掌紋線看起，也就是所謂的「掌相」。

☺掌相有先天、後天之分

一般而言，左手表示個人的先天本質及個性、命運（主前半生，見圖一），右手則是後天的前途發展及環境影響（主後半生，見圖二）。如果是左撇子，那正好顛倒過來。反正應配合兩手一起看。

掌紋線不但多而密，而且還會隨年齡而增長。我們可從四條主要掌紋線——智慧線、生命線、事業線、感情線及所謂的掌丘著手。（請參照插圖，若需更詳盡說明，請見附錄㈡命相小百科：奧妙的手～手相原理介紹）

☺智慧線考驗智力，生命線代表活力

智慧線越長，表現一個人的智力越發達，如果一路延伸下去，注定是動腦大師。若是在手心中央火星平原處結束，那做事就難免流於但憑一己所好，不太用頭腦。

智慧線尾端在中指處分叉，支線下垂，其人必定頭腦活絡而且十分腳踏實地。若只是分叉為兩條智慧線，活動力不但強，興趣也十分廣泛，但容易虎頭蛇尾，不能貫徹始終。

擁有兩條平行的智慧線表示非常聰明精練，有上進心，能力又強，備受人人注意及喜愛。若是智慧線朝上（向著水星丘），則是守財奴，可能會要錢不要命。若是智慧線與生命線平行下垂，多半是夢想家的掌紋線，常因個人的創意、玄奇想法自外於世，不喜歡多管紅塵俗事。

智慧線自生命線延伸而出，大多是少爺、小姐的脾氣，喜歡依賴及保護。若是生命線出自智慧線，則是活力充沛，凡事喜歡親力親為。

生命線的長短與壽命無關，倒是一個人的意志及活動力的表徵。

生命線彎曲，是極富生命力的代表，精神旺盛到認為自己可得到想要的一切。呈直線的生命線大多個性懦弱或缺乏持續力，身體狀況也不好。

生命線中的支線也各有千秋，若朝上則表示身體、精神健康，個性積極。朝下就好像彈性疲乏，精神不振，做人做事欠缺投入的熱情，並且沒有自信。

斷斷續續的生命線表示身體狀況如風中殘燭，需要多加注意及維護。畢竟，一個人的健康才是活力的泉源，也才能作為奮鬥的本錢。

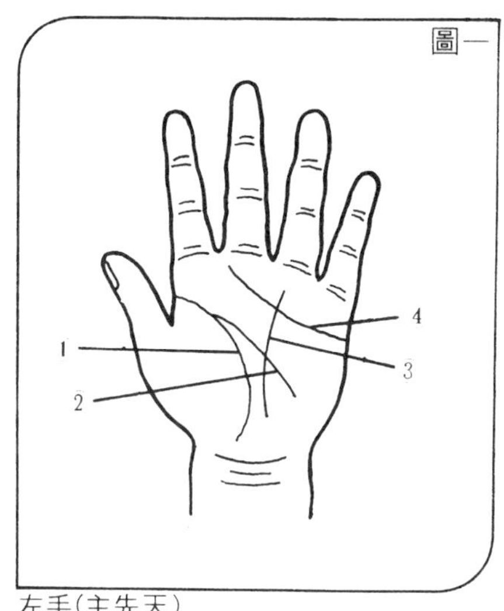

左手(主先天)

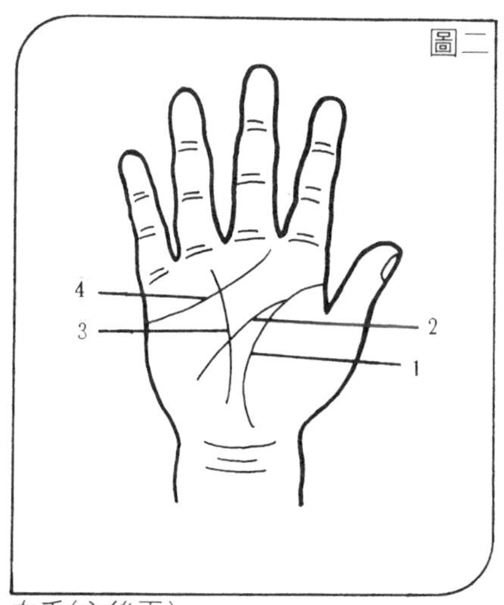

右手(主後天)

四大主線：1 生命線　2 智慧線
3 事業線　4 感情線

☺事業線開拓前程，感情線表現性情

事業線代表一個人前途的發展及趨向，感情線顧名思義就是代表一個人在「情字這條路」上的造化。

事業線長而直，未必就是大富大貴，只能說是穩定性夠，能在一種行業中持續甚久。許多從很年輕做到退休的資深公務員，大多有這種掌紋線。不過，長而直的事業線是認真、負責的象徵，而且對事業及團體的忠誠度也相當足夠。

事業線斷斷續續，表示其人一定不甘寂寞，視換工作如娛樂，開創有餘，定力不夠。若是出現分叉，表示有多職及轉職的可能，而且會不喜食人俸祿，渴望自立門戶當老闆。

感情線就如感情一樣，十分複雜。在人際關係的判別中，我們只要從其人是理智抑或感性，熱情抑或沉穩著眼，若有更多需要，您盡可細讀其他章節下去。

感情線愈長（直達木星丘，見圖三），表示感情豐富，而且容易感情用事。相反地，感情線若在中指下方土星丘結束，就是站在理性與感性天平中間的人。感情線愈短，愈不會為情所困，甚至無情。

感情線在末端分區，心思必定十分細膩，做人也很體貼，常能為人著想。若感情線一分為二，上面較短的那一條才是感情線；如果是起點尖細而終點較粗，他的熱情就像一把火一樣，燒得如火如荼（見圖四）。要是正好相反，那就酷得像冰一樣了。

感情線若一直延伸貫串至食指與拇指尖，或是與智慧線合一，即構成所謂的斷掌。斷掌以古老的說法則是命硬，人生際遇不順遂，但現代來說則是主有權威，不甘落人後的性格，命硬不硬是見仁見智，但看能否面對及克服人生逆境。與斷掌的人相交是一大挑戰，尤其是對方占上風的時候。

☺掌丘也有巧妙可言

手相是十分多元化的，在這個單元為求效率及簡易，已經去蕪存菁或是留待其他章節再發揮。可是我們仍要介紹掌丘，即手指下方、手掌隆起的部位（見圖五），以對人的性向多方了解。

掌丘隆起，就表示其人在某些方面十分發達，要是平坦甚至凹陷，就表示沒有該方面的傾向。

木星丘隆起的人，大多是企圖心大於平常心的人士，不甘守成，亟待開拓自己的事業。土星丘越高，就是想法愈冷靜，一旦冷靜地過了頭，反而遇事容易退縮。太陽丘越高，感情不但豐沛，而且口才極好，花言巧語有一套，但又可能口無遮攔。水星丘的高隆，表示精力旺盛至極，什麼都想試一試。

火星丘PARTⅠ發達，性情豁達開朗，喜歡冒險；火星丘PARTⅡ越高，耐力越強，自有主張定見，不容他人改變。

金星丘隆起，這個人一定是社交高手，而且多能與人為善，建立交情。月丘掌管想像力及意志力，越高就越有不惜一搏的魄力，而且喜歡探究潛能可以增強自身能力及發展的祕訣。

火星平原在各掌丘的中間（就是掌心），雖然是凹下的部位，但如果隆起高滿，代表活力十足，極富道德及勇氣。平滿的話，那就一切適中。要是凹陷，最好不要對具有這種掌型的人寄予厚望；陣前倒戈，不敢堅持己見，容易害怕畏縮的，大半都是此型中人。

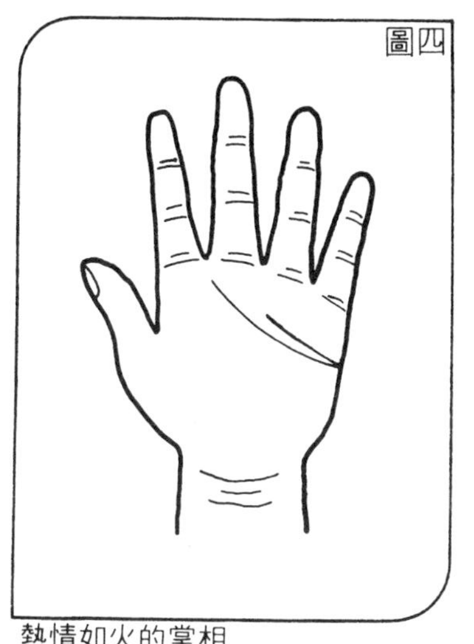

熱情如火的掌相

圖三

感情線直達木星丘，表示感情豐富

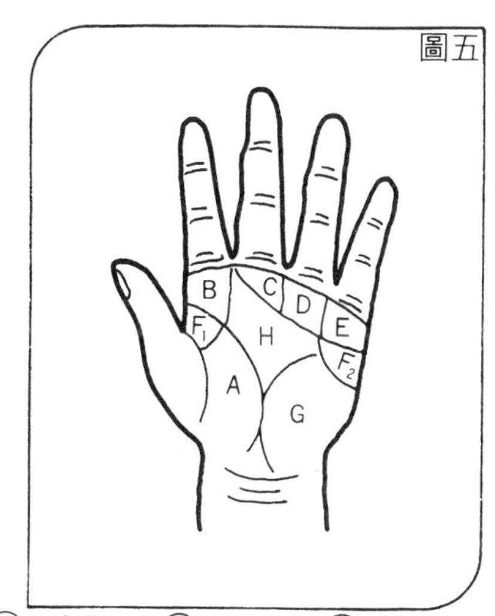

Ⓐ：金星丘　Ⓑ：木星丘　Ⓒ：土星丘

Ⓓ：太陽丘　Ⓔ：水星丘　(F_1)：火星丘(Ⅰ)

(F_2)：火星丘(Ⅱ)　Ⓖ：月丘　Ⓗ：火星平原

3. 今夜星光多燦爛

——血型V·S星座觀人術

除了面相及手相；血型和星座的組合，也可以在很短的時間之內，幫助你窺探陌生人的內心世界，讓你知道如何與各種人相處融洽，建立良好的人際關係。

在你展開這場血型及星座的觀人之旅前，你可先參考附錄㈢命相小百科——四種血型及四大領域星座的詳細介紹，了解A、B、O、AB四血型的基本觀念，及畫分為土、火、水、風四象的十二星座迥異不同的特性，以便更進入狀況。

1. A型與十二星座的個性組合

提到A型，許多人便聯想到憂鬱、神經質的一面，關於這一點，我們可以從日本人身上略見一、二。日本人中有60％～70％都是A型，其民族文化中的矜持、內斂、悲觀，正是A型的極端表現。

不過，千萬別只從這一點來看A型的人，他們仍具有許多不同的面貌及個性，有待了解。

A型V・S土象星座

A型摩羯座——保險櫃＋安全鎖的組合

別被他（她）拘謹、嚴肅的外表嚇到了，那只是他們為了掩飾內心的害羞及不自在，偽裝出來的形象。

A型的人行事保守，素來謹慎的摩羯座亦若是，二者的組合就像保險櫃遇上安全鎖，四平八穩又有點硬邦邦的。

和A型摩羯座的人相處就像跑馬拉松，要有耐力及信心。他們絕不是一回生、二回熟的交際人物，又非常善於觀察，所以你和他們的接觸必須持之以恆，而且不冷不熱，以免嚇著他們。雖然有點累，但是哈利路亞，因為你對他們暢所欲言，他們絕對會守口如瓶。許多情報員據說都是A型摩羯座的，你可以實驗看看，究竟他們是不是天生的守密大師？

A型金牛座——堅若磐石的頑固分子

A型的執著遇上金牛座的堅忍不拔，堪稱不可動搖的頑固組合。勤懇的A型金牛座一旦堅定信念，那就是火山、海嘯之力都無法改變。

他們不易盲從，很難被同化，但是非常值得信賴。即使全世界都流行不穿衣服，他們還是會從頭到腳打扮得體體面面出門，除非他們認同「國王的新衣」。所以，別企圖說服他們，你可能一輩子也不會成功。

讓他們知道你踏實、坦誠的一面，這是敲開友誼之門的方式，但記住他們一點也不笨，如果你只是偽裝式的親善，他們很快就會對你置之不理的。

A型處女座——完美主義中的完美主義

小心謹慎再加一絲不苟，A型處女座真像旋緊的水龍頭，滴水不漏。跟這種完美主義中的完美主義者相處，實在是有點累，而且他們毫不留情的批評，就像神射手的箭，一箭穿心。

但是偶爾聽聽這些諍友的批評，可以幫助你重新認知現實。因為他們總是這樣，所以朋友不多，不過，他們也認為朋友貴精不貴多。

若在他們同時嚴厲批評自己時，對他們說句鼓勵的話吧！你們的友誼很可能從此開始。

A型V．S火象星座

A型射手座——最矛盾的雙重個性

內歛的A型搭配奔放的射手座，無論怎麼解讀，都只有矛盾二字。

你一會兒看見他們在交際場合大顯身手，一會兒又瞧見他們靜默不語，這正是典型的A型射手座，不穩定中的穩定。

因此，他們不會太內向，也不會太外向，而且總是兩種情緒交替進行，你得先探知此刻他們的振動頻率為何，以免表錯情。

A型牡羊座——最保守的衝鋒組合

最有衝勁及活力的牡羊座與A血型結合，就像急驚風遇到慢郎中，二者中和之後的結果。

這種人往往在衝過頭之後，急速發現自己的問題而退縮，雖然流於情緒化，但是還不至於執迷不悔，更不至於一錯再錯。

和他們相處，你必須表現得像個煞車裝置，適時地導引他們回歸寧靜。他們的熱心及熱情雖然感人，但是不會盲目付出及表現，所以你只須輕輕提醒即可。不過前提是你有心相交，否則別去和他們玩交際遊戲，不論哪一血型的牡羊座，都是最痛恨背叛及虛偽的。

A型獅子座——溫和講理的霸道主義

他們或許很霸道，但還算講理，絕不會唯我獨尊到容不下一個異己，不過，空間不會很大。

看似熱情友善，但是怒火一發非同小可。平時努力維持和平，一旦冒犯了他的信念及尊嚴，就會不惜一戰！也只有藉此來強化一己之自信心，因為他們常會流於自我否定及反省，卻又因獅子座的驕傲而導致進退兩難。

所幸他們是可以溝通的，因為他們素來表現出溫和有禮的形象。但是你必須非常不厭其煩地進行一場持久戰，也許只是決定吃飯地點的小事，但只要你言之有物又肯花時間，你會贏的，他們至少會看在你的努力及苦心，小讓一步。

A型V・S水象星座

A型雙魚座——柔情似水的代言人

這一型的人將柔情似水一意發揮得淋漓盡致，能成為他們的朋友，實在非常幸運。

A型雙魚座的人非但親切、溫柔，而且善體人意，對任何人都照顧得無微不至。為了顧全大局，他們會將自己想法藏諸於心，怎麼也不會表現出來。因此，常被人認為優柔寡斷、沒有主見。

感佩他們的犧牲、奉獻精神吧！你會很高興擁有A型雙魚座的友情及關愛，但別和他們談起原則問題，那會傷害你們的友情。

A型巨蟹座——感情用事的族群

A型巨蟹座的敏感無人能及，但也是最容易為情所困、感情用事的族群。

他們可以細心地體會攝氏溫度十六度及十七度的不同，更會注意到毫不起眼的某人新燙的髮型。也常常多疑及鑽牛角尖，甚至因此悶悶不樂，使人不知所措。

注意A型巨蟹座人的敏感，他們會是很好的偵查員，令你獲益良多。但小心避開他們的情緒爆發，千萬要試著讓他們獨處，很快就會雨過天晴的。最重要的是，別說話太衝，他們是很容易受傷的，而且記性很好。

A型天蠍座——不可思議的理性穩重

你無法看到他們「情緒失控」，因為A型天蠍座的字典中沒有那四個子。他們在任何情況下都能保持冷靜、沈穩，是最佳的軍事戰略家。和他們相比，旁人一點點的反應都被視為躁進。如果有一天你看見他們在人前有點兒情緒化，那可能是世界末日到了。

其實你不難發現他們總在壓抑心中的激昂熱情，天蠍座的冷熱相間是典型個性。但A型人是他們之中控制得最好的，他們的心火即使點燃，也是燒得極有自制，不會燎原的。你可以熱情相待，但給他們一點空間及時間，你會感受到一些光和熱的。

A型V・S風象星座

A型水瓶座——細膩的博愛慈善家

和A型水瓶座在一起，會深刻感受到那對人無私無我、一視同仁的愛，他們是從事公益活動的理想人選。

他們是理性的水瓶座中最感性、細膩的一群，而且最沒有風象星座中不受羈絆的特性。想得深，做事有人情味，處處為人著想而且義無反顧。

你很快就能和他們建立友誼，但你的苦惱也同時來臨，太多人樂與他們為友了，尤其當他們是某方神聖或名人雅士……你不禁會懷疑，在A型水瓶座的心目中，你究竟排行老幾？

A型雙子座——有所變有所不變

雙子座的靈敏善變，使其成為天生的社交好手。不過A型的穩重性格，使得A型雙子座雖然善變，但還是變得有點原則。

他們很能適應環境，也比較願意為某件事專注執著，雖然只有十分鐘熱度，但已是四大血型在雙子座中之冠了。不信的話，你可以比較看看。

跟A型雙子座交往可以很輕鬆，因為他們是有所變有所不變。不過你對於他們所說的話不必太認真，還是靜觀其變的好——請放心，他們只會稍作改變，不會全盤否定的。

A型天秤座——逍遙的名士派

天秤座的理性及冷靜如果分等級，A型人要算最後一名。A型天秤座或許尚稱理性，但通常立場不算堅定，很容易改變立場或陣前倒戈。

或許是由於這種緊中帶鬆的個性，A型天秤座的人顯得逍遙自在，親和力十足。人們會訝異他們分析事情的條理竟是如此分明，維護信念的力量又是如此薄弱。說得比做得積極。

要和他們建交，你必須主動積極，具有帶動唱的精神，才能譜成友誼之歌。他們沒有攻擊性，就是有點懶，嚮往逍遙自在的人生。矛盾的是，這是他們最大的缺點，卻也是魅力所在。

2. B型與十二星座的個性組合

B型人的世界似乎永遠充滿陽光，任何的陰雨雲霧不會霸佔他們的心靈太久，他們永遠以活躍樂觀的心情過日子。

輿論、社會的看法，都不會形成他們的壓力，B型人才不會真的在意這些呢！這世界太有趣了，有太多的事有待發掘，何必自尋煩惱呢？

這到底是保有自我還是任性妄為呢？且配合十二星座看看再說。

B型V・S土象星座

B型摩羯座——勇敢的人生舵手

就像海明威小說《老人與海》中，與大魚搏鬥不休的老人，B型摩羯座有著異於任何血型及星座的勇氣及意志，會為了理想堅持到最後一分鐘，即使失敗也會捲土重來。

你會很訝異他們驚人的決心及耐力，害怕他們的強硬。最好的辦法就是把他們當作學習對象，用來勉勵自己更上層樓。

B型金牛座——凡事慢半拍最好

急不得，是B型金牛座的行事鐵律，他們相信「快」並不是件好事，反而會帶來危險。

所以，太急太衝的人令他們敬而遠之，他們寧願在自己的世界裏按部就班的生活。你只要了解他們的處世邏輯，把速度放慢些，自然能獲得他們的友誼。

B型處女座——不太典型的完美主義

他們是最輕鬆自在的處女座，雖然一樣是完美主義的信徒，但是不會把完美的標準訂得太高。就算是做不到，也比較不會自責或批判他人。

也許就是因為如此，你甚至會懷疑他們到底是不是處女座？某些時候，他們仍會流露出一些特質，譬如潔癖。

B型V．S火象星座

B型射手座——將自由主義發揮得淋漓盡致

如果以射手座愛好自由的程度區分，B型射手座無異拔得頭籌。

他們喜歡四處遊走，交很多不同類型的朋友，可是最怕受拘束。太過拘泥或占有慾強的人，他們避之唯恐不及。

你和B型射手座相處，會十分欣賞他們的活潑、率性及反應敏捷。但他們很少專注或沈溺在某件事上，所以顯得有點虛浮。只要你別過於在意他們缺乏耐性，你們會是很好的酒肉朋友。

B型牡羊座——心直口快的廣播電台

熱情、開朗，B型牡羊座的人很快就能和你交上朋友，而且無話不談。他們多是交際場上的活躍分子，而且也常是小道消息的來源。但是由於直言不諱，甚至口無遮攔，常引起不必要的麻煩及誤會。

如果你需要有人散發消息，他們是最稱職的人選。反之，如果你希望自己的祕密越少人知道越好，切記千萬別對他們說。

B型獅子座——致力成為備受矚目的焦點

在最熱鬧的交際場合，就是B型獅子座最愛出沒的地方，而且總是受注目的焦點之一。

表演慾強，常令人為他們的愛現而側目，他們是絕不容許別人搶了他們的鋒頭，即使是因為這樣傷了和氣，仍然不在乎。

如果你肯站在看秀的角度，給B型獅子座的人一點掌聲及讚美，說不定很快就能得到友誼及信任。不過，你也許會有點困擾——他們需要很多的掌聲，所以你必須持之以恆地鼓勵下去。

B型V・S水象星座

B型雙魚座——浪漫夢幻製造機

他們真是敏感纖弱，活在浪漫及象牙塔中。你千萬不要多事去作一個建言者，告訴B型雙魚座現實的險惡，他們從此以後就會消失在你眼前，另覓他處築夢去了。

正因為這樣的個性，他們多半在藝術及文學創作的領域出現，沒有人比他們更能營造風花雪月了。如果你實在不習慣活在夢想中啥事也不做，那麼就微笑傾聽吧！別流露任何不屑，記任，那會嚴重地傷害他們。

B型巨蟹座——親疏分明的本位主義

在巨蟹座中，他們是比較能避開情緒的族群，看起來神采奕奕，絕不會一副

煩惱憂鬱的樣子。

但是他們看似合群，當你要和他們進一步建立友誼時，多半會碰上軟釘子。他們的本位主義一旦顯現，未經信任的人只能成為點頭之交，沒有必要進入自己真正的生活領域之中。

B型天蠍座——強而激烈的占有慾

天蠍座善於隱藏，但是一旦有人燃起B型天蠍座的熱情，那可就不一定了。他們對於事物及人情的執著、認真，是一般人望塵莫及的，這使得他們難纏。你必須花很大的力氣去說服他們，然後很可能變成他們持續不斷地說服你。

要和他們深交時，先有心理準備，他們對感情的占有慾是強而激烈的，會令人喘不過氣來。

B型V・S風象星座

B型水瓶座——游移不定的博愛主義

水瓶座之中，B型水瓶座是最偉大的博愛主義者。你很快就能在團體之中辨識出他們。他們待人接物軟綿綿的，深恐傷害了任何一個人。但卻出沒無常，因為他們自己很怕受到人情的拘束及包圍，乾脆行蹤不定，讓別人找不到他們。

B型雙子座——帶動氣氛的專家

他們真會令你感覺太有趣了，任何的話題一到他們的嘴裏，立刻妙趣橫生，而且沒有人比得上他們的活潑、聰敏及掌握氣氛的能力。

B型雙子座的人沒有什麼原則或教條規矩，他們活得隨性又自在，這氣氛也使你連帶卸下武裝及矯飾。但他們鮮少對人吐露心事或成為別人的心理顧問，他們希望把精力留在享受人生。

B型天秤座——風平浪靜的港灣

一座理性的天秤總是不疾不徐，時常保持冷靜及自在，好像世界上永遠不可能發生任何使他們失態或跳腳的事。

他們就像風平浪靜的港灣，幾乎不會掀起任何波瀾，至少表面如此。寧靜、友善的特質使人樂於與他們接近，但無論如何，他們皆會與任何人保持適當距離。

3. O血型與十二星座的個性組合

幾乎一提到O型，所有的人都想到「頑固」一辭。不過，O型人自信滿滿，鬥志昂揚，就算不是老頑固，也不是肯輕易低頭認輸的人種。

O型的人不易退縮的特質，與十二星座結合之後，多半具有該星座中最富代表性的性格，而且令人印象深刻。

常有人說，O型是最容易猜的血型，因為他們的性格太鮮明了！你以為呢？

O型V．S土象星座

O型摩羯座——老老實實地過日子

你很少看到這種人高談他們的理想及夢幻，可以說他們幾乎很少想這些東西。

你若跟他們談些實際的話題，像是理財、房地產等，才會引起他們的興趣——

誰叫O型摩羯座的人就是這麼腳踏實地。

O型金牛座——小心謹慎的人生哲學

小心謹慎多是金牛座的作風，O型人將這種特質發揮得淋漓盡致。

他們絕不會大放厥辭；作風保守收斂，講求實際。如果你成為他們的好朋友，盡可以放心將祕密或重大責任託負給他們，只要他們點頭，就能不辱使命。

O型處女座——不惜一切追求完美

他們一點也不會吝惜將處女座那要求完美、幾近挑剔的特性表現出來。所以除非你能在他們心中有一定評價，否則他們很難接納你，不管認識多久，仍然停留在君子之交的階段。

O型處女座的熱情是他們接納你之後，才會完全地釋放出來。要想通過他們的友情測試，得先有挑剔自己的準備。

O型V・S火象星座

O型射手座——不輕易卸除武裝

和他們相處，你會被O型射手座的坦率幽默，逗得哈哈大笑。但是在初見面的時候，你還以為他們繃著臉的樣子，就像個老學究一樣。

事實上，除非看對眼，O型射手座的人才會和你有說有笑，甚至掏心掏肺。他們喜歡有個性的人，因為這樣相處起來才過癮。

O型牡羊座——領導慾遍佈全身每個角落

他們或許不具領袖氣質，但在社交場合卻經常頭角崢嶸，爭相成為領導人物。因為，領導慾是O型牡羊座賴以生存的元素之一。

你可能會受不了他們動輒頤氣指使或自以為是的樣子，其實毫無惡意，他們只是太喜歡扮演領袖，所以常常得罪人也不自知。

O型獅子座——無法掩飾的王者風範

他們溫和、開朗、自信，但這只是你所看到的一面，在O型獅子座的體內，流著唯我獨尊的血液。儘管他們待人謙卑，那只是為了掩飾高高在上的心態。

想領教O型獅子座的驕傲及自大嗎?試著激怒或是漠視他們，你很快就會看到他們誓死維護的王者之風。

O型V．S水象星座

O型雙魚座——夢想王國的捍衛戰士

他們的溫柔會在夢想受到攻擊時瓦解，為了捍衛自己的理想王國，O型雙魚座會一反常態的還擊。

儘管他們的還擊不如其他人犀利，但這是友誼結束的徵兆。你一定會很訝異，原本缺乏主見的他們，怎麼會搖身一變得如此強悍？

O型巨蟹座——築起人際關係的護城河

在O型巨蟹座的人際關係網路中，只有劃分成兩種人——一種是外人，一種是自己人。

他們的人我分立意識極深，不是友人就是敵人，沒有中間地帶的，而且非常護短，對朋友很夠意思，對敵人毫不留情。

你只要友善熱誠，沒有任何敵意，他們很快地會敞開雙臂歡迎你的。但是別小看他們的敏感多疑，他們偶爾會想出一些方法，來考驗你是否是真心誠意。

O型天蠍座——無可救藥的自戀狂

你可能不太喜歡他們的自大及好誇耀，其實他們不是鄙視你，而是太崇拜自己了。

別跟他們比較吹噓的工夫，你很難贏過他們。但是你如果聽得不耐煩時，可以先行離去，他們會去找別的聽眾的。

O型V．S風象星座

O型水瓶座——捨己為人的心理顧問

知性的風采洋溢在O型水瓶座的為人處世風範上，因此吸引許多人的親近，甚至是大眾的心理學顧問。

他們如何處理自己的情緒？你是無從得知的。他們把自己的內心世界保護得很好，鮮少有人能窺得全貌。他們就是喜歡捨己為人，即使有再大的痛苦，也會嘗試自行吸收。

O型雙子座——善變、忙碌的小蜜蜂

就像來去不停的小蜜蜂，O型雙子座的人總是來匆匆，去匆匆，一會兒西又一會兒東。不僅想法如此，行為也是如此。

有時你不免懷疑他們的誠意，因為如此善變的人，每分鐘都有新主張。原諒他們的浮躁及好奇吧！這實在是個性使然，絕非有意如此。

O型天秤座——嚴守中立主義的立場

凡事嚴守中立，你很難知道O型天秤座到底是左派還是右派？到底是贊成還是反對？總之，他們都有理可說。

如果你決心打破沙鍋問到底，你還是發現除了浪費時間以外，仍然沒有收穫。其實何必呢！他們本是一把秤，保持公正及中立有何不對呢？

4. AB型與十二星座的個性組合

與A型與B型相遇之後，便造就了難以了解及變幻莫測的AB型了。

究竟ＡＢ型是怎麼的個性？是不是真如一般人所公認的——以自我為中心、驕傲自大、絕對理智、聰明絕頂又缺乏安全感，性情不穩定、缺乏耐性、企圖心及表現慾強？

還是先看看十二星座的組合再說——

ＡＢ型Ｖ·Ｓ土象星座

ＡＢ型摩羯座——外表與內心同樣高深莫測

不多話、看似冷靜的他們，內心就如外表一樣難以預測，令你不是因為看不透而備感困惑，就是望之儼然而心生畏懼。

他們忽而熱情，忽而冷漠，常令你不知如何反應。最好的辦法是比ＡＢ型摩羯座的人更冷靜，或許還能抓住他們情緒變換的頻率。

ＡＢ型金牛座——穩定性高的ＡＢ型人種

在ＡＢ型的世界中，他們的個性是最穩定，變化頻率最低的。

他們沈穩平和，理性樂觀，令許多人樂於與其為友。跟他們相處，只覺輕鬆愉快，一點也沒有負擔。但他們無法成為你的密友，因為他們是不會輕易向別人吐露心事的。

AB型處女座——用心將每件事做到最好

神經質的個性，驅使他們不斷想辦法證明自己的能力，每件事都要盡善盡美，再怎麼累也要做到。

你可能都會沾染了這份緊張，所以對事情也開始斤斤計較起來，AB型處女座是會將他們的不安及追求完美給別人的。他們甚至會向你大力鼓吹，生涯規劃是如何重要。

AB型V・S火象星座

AB型射手座——我行我素的自由人

第一次遇見AB型射手座的人，你會以為碰上了外星人，他們所說的話天馬行空，令你半點頭緒也沒有。

他們一向我行我素慣了，懶得為自己的不羈想法及行徑去解釋。不要將世俗的規範套在他們身上，那是行不通也失之偏頗的。

AB型牡羊座——飽受情緒煎熬的苦難族群

在牡羊座之中，AB型是最不穩定的，他們意志力強、企圖心旺盛，不達目的死不休，但卻又深受情緒化困擾，忽悲忽喜，精神飽受煎熬而無法自拔。

AB型牡羊座的人，極需沈穩理性的朋友，作為支持他們的力量。但是一旦這股力量離開，他們仍舊故態復萌，直至下一個情緒調節器到來。

AB型獅子座——備感寂寞萬獸之王

嚴以律己，AB型獅子座的人最大特質，他們也以相同的標準去要求別人。跟他們在一起，你會感到求好心切的壓力。再加上他們強調理性，認為情緒渲洩是弱者的行為，所以難免使人退避三舍，以免感覺自慚形穢。無形間，他們與一般人的距離就越來越遠，也就顯得比較離群索居了。

AB型V．S水象星座

ＡＢ型雙魚座——擁有世人少見的慈悲胸懷

總是怯生生地躲在一角，ＡＢ型雙魚座是最善於隱藏自己的，你幾乎會忘了他們的存在。

但他們有著世人少有的慈悲胸懷，樂於助人而願意犧牲奉獻。在一般人汲汲營營為自己前途打拼時，他們總不忘關懷別人，即使是默默燃燒自己，也在所不惜。

ＡＢ型巨蟹座——不輕易流露一己之好惡

ＡＢ型的理性，中和了巨蟹座的多愁善感，使他們在待人接物方面，比較圓融妥貼，不會以一己好惡來評斷別人。

你和ＡＢ型巨蟹座相處時，會深受他們的體貼及和氣吸引，不過那是他們做人高明之處，因為他們不會將個人的情緒表現出來，你很難憑幾次印象來了解真正的ＡＢ型巨蟹座。

ＡＢ型天蠍座——將自我隱身在幕後

和O型天蠍座的愛現完全相反，AB型天蠍座的人不喜歡在幕前翻雲覆雨，反倒常隱身在幕後冷眼旁觀，不輕易將自我表現出來。

你很難從他們拘謹沈默的表現，察知實力所在。他們城府的確是要比一般人深，但這也是他們致勝的關鍵。

AB型V．S風象星座

AB型水瓶座——外熱內冷的冰箱

表面看來，他們幽默樂天，人緣極佳。當你逐漸深入AB型水瓶座的世界，才發現完全不是那回事。

他們像冰箱，外殼發熱，內裏冰冷。倒也不是無情，只是因為極度的理性，使他們自然與別人劃清界線，並且盡力保有自我的空間。

AB型雙子座——善變程度無人可及

善變的AB型加上善變的雙子座，就別提AB型雙子座的個性會有多少驚人的變化。

你最好用平常心，以不變應萬變來看待這一型人，因為連他們自己也搞不懂現在想什麼，下一刻又會怎麼樣。

AB型天秤座——理智與感情永遠平衡

一把理智及感情平衡的秤，就是AB型天秤座的人最佳寫照。他們追求四平八穩的人生，絕不容許外界事物搞亂他們的心緒。

他們喜歡生活在自己建築的世界裏，理性平穩，無風無浪。或許覺得他們有點與現實脫節，他們肯定回答你的是——那又怎樣？

騎著良馬找伯樂

～～求職觀人術

要找份工作並不難，但要找份好工作，又可因此開創美好前程，就非得要伯樂賞識不可。

不過在這個時代，好老闆並不多見。其實，所謂的好老闆，不一定就是菩薩心腸，愛人如己的人，有時即使是反其道而行，說不定作屬下的能學習得更多，也因此更有機會脫穎而出。

伯樂沒有一定的長相、手相，甚至星座或血型，重點在於你是否能掌握老闆的特性、性格，做出選擇及因應之道，只有讓自己工作愉快，前途才能光明。

正因為老闆至少掌握了你一半的人生，所以才要從各方面多加了解。好老闆難求，爛老闆比比皆是，不好不壞的老闆占了絕大部分，你若想在辦公室安之若素地生活下去，或是開創事業坦途，應該要選「對」老闆，也就是一個適合自己的老闆，否則，前途多慮。

萬一你不想也來不及換工作，那你就更要睜大眼睛及耳朵，去好好「認識」一下你的老闆，你才能確定，自己在他心目中是黑五類還是紅五類？是流放邊疆還是位居要津？是岌岌可危還是升遷有望？這是職場求生及發展的必修課程。

初入社會的新鮮人，你在找第一份工作時，就可以開始「修鍊」求職中最重要的老闆觀察術，使你的第一步就邁向坦途。職場生涯的中生代如果自覺境況不佳，最好也重修這門本事，以便在轉業及升遷上贏得更好的未來。至於工作人生中的老戰士，若想保衛權力或是安享事業餘年，不妨溫故知新，將寶貴的生活經驗結合於斯，以保高枕無憂。

現在，我們就把各式各樣的老闆放在手術檯上，用面相、手相、星座V・S血型，好好地為你解剖一番！

1. 老闆長相大公開
——面相求職術

利用面相的知識，來為你老闆看個相吧！看看老闆到底為人如何？事業發展如何？財運是否亨通？這些都與你的前途息息相關。

在之前，本書已經概括地介紹了關於五官、臉型等淺近的面相知識。在這一節中，將以綜合的角度來分析老闆的面相——

☺從眉眼看老闆的待人處世

在五官之中，從眉眼可以看出一個老闆的處世態度及交際能力，從鼻子可看出老闆的事業發展及財運。其他的部位，如額頭、下巴、法令及臉型，也可提供更多面相的參考。

濃密、長度超過眼睛、呈圓形彎曲的眉毛若再配上大小適中，眼神清亮的圓形眼，便組合成最理想的眉眼形狀。具有這種面相的老闆，是不可多得的好頭家，他不但有識人之明，而且心地善良、待人寬厚、行為端正，擁有良好的人際關係，在社會上備受尊重及讚譽。

這種模範伯樂畢竟不多，甚至可能是稀有動物。所以你還是得張大眼睛看清楚各種不同的眉形及眼形。

☺各式各樣的老闆眉眼形狀大觀

眉毛、眼睛高度不一的老闆，待人處世很情緒化，有好高騖遠的傾向，往往危及事業的經營及發展。

眉眼相距極近，其寬度不及一根手指，表示你遇上一個暴躁、易怒的老闆，處事欠缺耐性及冷靜，動不動就會拿員工出氣，你還是小心謹慎為妙。

眉骨突出，眼睛深陷的老闆，很少將一己的感情及情緒表現出來，通常會令下屬難以親近，因為他們時常改變想法，而且鮮少坦誠直言，你幾乎很難知道他們真正的心意。換言之，得練就一身察言觀色的狗腿功夫，才能獲得他們的信任。

眉長而秀，代表其人溫文儒雅，再加上兩眉相距寬度大於兩個指頭的寬度，雙眼距離較遠，這種面相的老闆心胸開闊，眼界高遠，比較能成就一番大事業，也會經常提攜、照顧部屬及員工。

相反地，兩眉及雙眼相距太近的老闆，心胸難免狹隘容易猜忌，對屬下的要求較苛刻，為人也比較小氣（見圖一）。說實在的，他們的事業格局也不會太大。所以，是否值得為這種老闆賣命，還有待商榷。

眉毛濃又黑的老闆，個性多半唯我獨尊，但若是眼睛大又呈圓形，則不失為愛護部屬的好老闆，平時儘管實施威權統治，但遇事多能為底下人扛責任，多方擔待。如果濃黑的眉毛配襯細長、狹小的眼睛，那就是不折不扣的獨裁老闆相，勸你還是趁早跑路。

☺鼻相揭露老闆的財運及事業發展

老闆的財運關係你的飯碗是否牢固，所以非得詳加研究一番——先看鼻子，它是觀察財運的主角，再配合看看額頭、下巴、法令等配角，你就能窺得部分堂奧。

一般而言，高挺而直、鼻準頭豐隆幾乎看不見鼻孔的鼻子，是最標準的鼻相。

擁有此相的老闆不但財運亨通，而且事業發展順利，有大富大貴的潛力。

鼻梁如果不夠高挺，但鼻準頭肉多而厚，表示也許事業不算十分發達，可是錢財仍然滾滾而來。

老闆的鼻子若是又挺又直，可是鼻準頭肉不夠多，就表示有名無利。如你投身於他們名下只為崇高理想，那麼你跟對人了，可是他們的手頭大多不寬裕，或是賺錢的本事不及發展個人名聲的能力，你因此無法獲得傲人的薪水，說不定還要勒緊肚皮呢！

鼻子最好長度適中，太長或太短都是破財、漏財的象徵，而且缺乏經濟頭腦。還有，鼻子的大小關係事業的格局，鼻子越大的老闆（以肉多為佳，見圖二），事業通常會越做越大。鼻子越小的老闆，心態比較膽怯畏縮，不敢在事業上衝刺，而且受雇於人會比自己作老闆來得好。

☺老闆的額頭、下巴及法令紋對事業的影響

額頭及下巴若生得好，可以補其他部位的不足，改變事業運勢。理想的額頭是開闊高隆，印堂部位豐滿，表示經營事業多能有成。渾圓的下巴無論是作老闆

或是作夥計，都有遠大的前程（見圖三）。額角平滿，事業運程開展較晚，若是下巴長得好，那麼再辛苦都會有收穫。前額及印堂最忌凹陷，如果你的老闆長得如此模樣，他們不是大器難成就是要歷盡艱難才能嚐到一丁點成功果實。除非，他們擁有十分理想的鼻相，但是下巴不能過於瘦削，以渾厚為佳。

雙下巴的老闆，看起來就是個彌勒佛相，錢財常常滾滾而來，如果嘴型開闊又不下垂，那就賺錢賺遍四方，有機會成為巨富。方型下巴表示不怒而有威嚴，處事明快果決，很有老闆的風範。尖而細瘦的下巴，常是藝術家的特徵，由於想法比較偏離現實，對賺錢興趣不大，自然與財富絕緣。

法令紋的深淺，代表老闆事業運是否昌隆。老闆的法令紋深，在事業上的表現不錯，也頗能駕馭部屬及員工。法令紋平淺，權力慾及野心都不會太大，相對的也會影響老闆本身事業的發展。

如果法令紋深，再加上顴骨高聳，必定是個野心勃勃又重視權威的老闆，萬一臉頰又凹陷，那麼他對員工恐怕就稍嫌刻薄寡恩了。

☺臉型進一步揭露老闆個性

老闆的臉型是圓是方或是尖（見圖四），都可作為進一步了解其人性格的參考資料，讓作屬下的你，知道該如何應對，才能萬事ＯＫ。（別忘了配合其他的面相一起看，會更客觀精準。）

圓形臉的老闆大多不難相處，要是臉上的肉又厚又多，表示其為人十分敦厚老實，很能照顧員工的福利。可是在事業上的野心不大，作風非常保守，且不願意冒險犯難，是守成型的經營者。

圓臉但是瘦削，比較沒有前者來得樂天知命，而且為人處事也比較神經質，是屬於比較想不開，容易憂心忡忡的老闆。

方型臉的人大多個性堅強，統治慾較高。擁有這種臉型的老闆，個性比較嚴肅，對員工及部屬多半保持距離，以建立老闆的權威。

如果你的老闆臉型為方型臉，而額頭與下巴大致同寬，其個性傾向獨斷獨行，在事業上野心勃勃，屬下常因此被逼得喘不過氣來。他們喜歡部屬猶如順民，而自己是王國中的主宰。

方型臉再配上寬下巴的老闆，踏實穩重，不喜歡對外宣揚自己的想法及主張，只是努力地去做。他們希望員工一樣少說多做，唯有不斷地付出，企業及公司才能成長。

臉型稍呈尖形的老闆，韌性比一般人大，顴骨越高，性格越強悍，越能克服困難。但也因此會過分強調一己的功勞及能力，忽視部屬的貢獻。你的老闆若經常吹噓自己的光榮事蹟及偉大的成就，記得看看他是不是這種臉型。

臉型尖、下巴窄但額頭寬，你的老闆智商一定不低，而且敏感多疑。跟他們工作時，你發現好像總有一盞探照燈在你的左右，觀察你的動靜。

這一型的老闆不但聰明，還會不斷的汲取新知以增長智慧、開拓視野。只可惜他們的人生智慧不夠，多疑及善妒使他們難以成為伯樂，無法擁有一流的良馬為其效命。

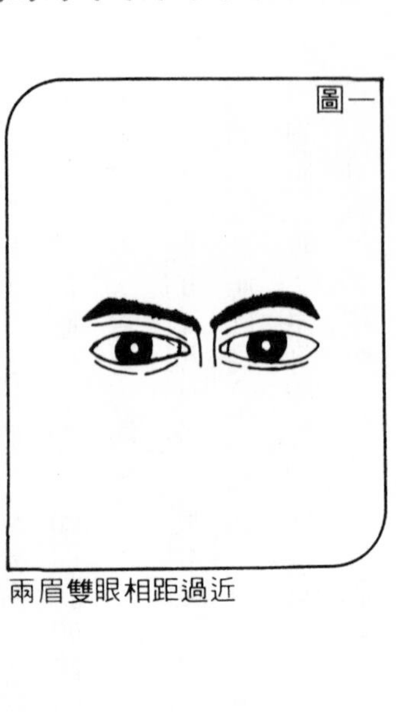

兩眉雙眼相距過近

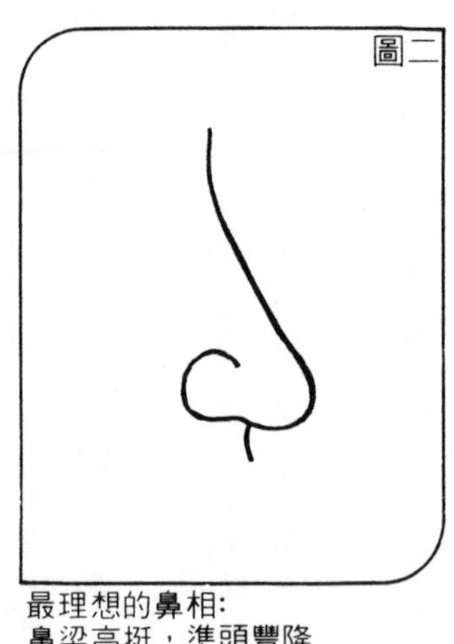

最理想的鼻相:
鼻梁高挺，準頭豐隆

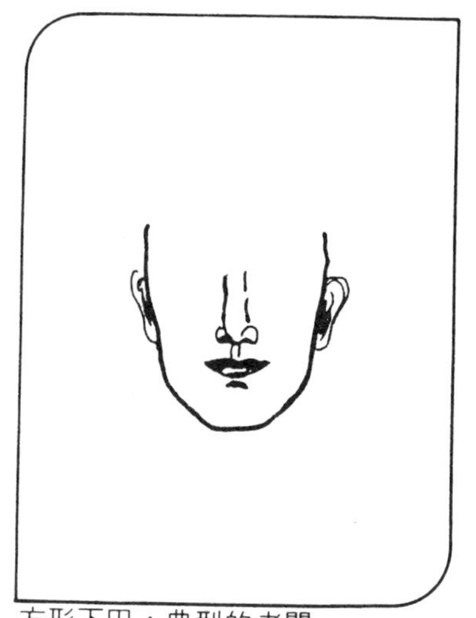
方形下巴：典型的老闆

圖三

額頭

印堂

法令紋

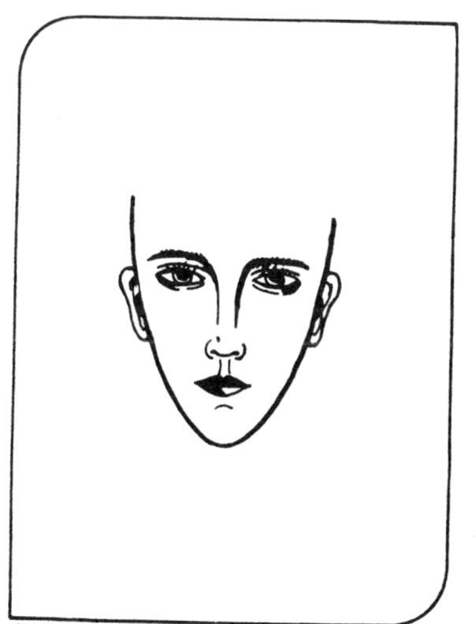
探照燈型老闆：

臉型尖，下巴窄，額寬

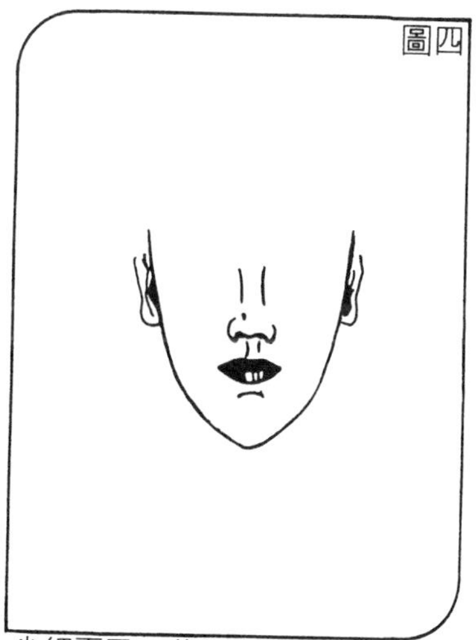

尖細下巴：藝術家特徵

2. 老闆手相大公開
——手相求職術

親愛的老闆，讓我們來握個手吧，這可是一項幫助員工更了解上意的法寶喔！關於握手觀人的一些基本原理，你可參照上章手相觀人術，先對未來的老闆有個約略了解。

若在求職面談的過程中，總不方便握著對方的手看手相吧！沒關係，你可以從掌型、手指形狀著手，也能略為得知老闆的性格。

☺掌型洩漏老闆性格天機

手掌的形狀除非曾產生意外，否則很難改變，它代表的是一個人的本性所在。到底老闆的本性有哪些？

最阿莎力、不拘小節的老闆大多是手指又粗又短，及手掌厚實的掌型，他要找的人不是和他一樣，就是要彌補他思慮不足、城府不夠的謀士型人物。跟著他多能備受重視，但也得忍受其直來直往的脾氣及脫口而出的三字經問候語。

如果你在面試時，深受未來老闆共創人生的美夢震撼，請你不妨先行保持三分理性，看看他（她）的掌型如何？要是十指纖瘦細長而尖，可以去作美手模特兒的掌型，那你碰到的就是個理想主義者了（見圖一）。奉勸你要配合多方面再觀察，以免日後發現實際所行與他的想法差距甚遠。

四方形的掌型大多出自企業家之子，尤其是白手起家的老一輩人，大多如此（見圖二）。他們相當實際、穩重及保守，對高調是敬而遠之，更不講求排場及新奇花樣。跟著這種老闆，要求多半嚴格，而且十分重視職場倫理及規矩，自由派人士還是不必與其合作，以免雙方互相折磨。希望有長期固定工作及安定、服從性人格的人比較適合，也較對其胃口。雖然他們可能有扼殺創造力及感受力的傾向，但由於四平八穩的個性，企業一直都能長治久安，永續經營。

彌勒佛或是笑面虎型的老闆，大多有一雙圓形的手。也就是手掌圓、手指也圓。笑口常開及無可救藥的樂觀是他們的特性，因此他們在好老闆的排行榜上常高居第一位。可是，熱情有餘，處事難免流於圓滑、輕浮、投機傾向濃厚，在財

務調度方面過於大膽，企業容易大起大落。

☺手指的形狀蘊含老闆的潛在個性

五個手指各有不同的個性取向——大拇指表現意志及信念，食指代表自信及權力慾，中指意謂精神及物質的需要程度，無名指傳達人品及創造力，小拇指則是判斷力、耐力及表達能力。

大拇指看起來堅而硬，有少許彎曲，表示這種老闆有魄力、自信及毅力極強，成功多半由一己創造，所以也不容易動搖。大拇指若是軟而弱，那很可能是個自信、持久力都不夠的老闆，而且喜歡朝令夕改，令人無所適從。

食指最佳的長度是較無名指長，那這位老闆野心勃勃、有統領千軍萬馬的野心，會以開創事業的版圖為主。若食指長度僅及中指第二節，則是自尊心、自信心都矮人一截的老闆，千萬不要口不擇言，因為他（她）很容易被傷害。

中指號稱一柱擎天，長而直，且不偏不倚便代表你遇上一個還算善良、正直、不唯利是圖的老闆。若向左偏向食指則是野心家，嗜嚐權力的滋味，若是往右偏向無名指，那就是為名利拋頭顱、灑熱血的不二人選了。

無名指比食指長的老闆，最好先調查他的行事作風及財務狀況，因為他們有眼高手低及投機的潛在性格。小指越長，口才越好，頭腦越清楚，小指短的老闆，說話及思考都不經大腦，可說前途不甚樂觀。

總之，五指指形要合在一起綜合分析，稍微截長補短一下，老闆的潛在性格才能真相大白。

☺老闆的前程大預言

經過面試的門檻，你成為某人的屬下，原先那些手相知識只是入門紮根的原理，若你已和老闆熟絡，不妨藉著看手相之名，以掌紋線及掌丘來更深一層地認識你的老闆，也好決定是更加狗腿，還是正直到底，或是伺機而動……

你可從上一章的掌紋線介紹，粗淺地了解一些關於四大主線（智慧線、生命線、事業線、感情線），掌丘（木星丘、土星丘、太陽丘、水星丘、火星丘、金星丘、月丘、火星平原）等對個性及性向的影響。下面我們以融合為一的角度來分析老闆的前途……

木星丘豐隆、事業線清晰□長的老闆，多是苦幹實幹出身的，做事踏實又認真，如果加上水星丘豐滿，就表示其辛苦都有代價，財源亨通。有的老闆也許因為行業別不同，所打拼的目標不為錢，可能是為了其他崇高的目標及理想，那必定是智慧線長而下傾，火星平原豐滿；若再加上月丘發達，就表示其在文化、學術等圈子的發展會十分順利，你若師承於他（她），那便是良禽擇木而棲。

智慧線向上成勾狀，並且穿越感情線，再加上木星丘、水星丘都頗豐隆，你是遇上嗜錢如命的老闆了（見圖三），若再配上一臉刻薄相，小心他雖口袋麥克麥克，對員工卻一毛不拔。

如果你抱著尋求人生導師的態度來找老闆，千萬要找機會看看他（她）的生命線是不是既寬又帶點彎曲，智慧線長而直，太陽丘偏向隆起，如果是，那麼恭喜你遇見心目中的伯樂（見圖四）。此種手相的人大多擁有良好的社會名聲及地位（至少是明日之星），而且人際關係佳，本身又很努力及用功，不難想像其日後對你的良性影響。

☺老闆的心地好壞程度大揭露

運用相同的原理，我們來探探老闆的心地究竟如何？前一節的老闆面相大公開已有敘述，再配合手相看看。先參考上一章關於掌紋、掌丘所說的人心感情傾向，然後再看看其他的看法——

感情線偏向食指的木星丘，智慧線適中，金星丘發達，這是個重感情又講義氣的老闆手相，往往是大哥大的最佳人選。

智慧線分開或有明顯斷線、感情線長度超過中指，土星丘凹陷，火星丘平坦，要是遇上有這種手相的老闆，你得小心了。因為他（她）既衝動、魯莽又暴躁，說話又口不擇言，不但對部屬予取予求，也會因專橫、剛愎自用而做出對公司不利的決策，但又要你來背上能力不佳、判斷力失誤的罪名（見圖五）。

感情線過短，即長度不超過中指的老闆，是非常理性甚至六親不認的，跟著他（她）可得一直保持自己的利用價值，並且千萬別批其逆鱗，否則年終尾牙的雞頭總有對著你的一刻。

還有一點要補充，那就是即使你從手相中看出什麼究竟，別輕易對你的老闆說出口，再怎麼菩薩心腸的老闆也不喜歡聽壞話，這不需依憑觀人術研判，而是人性使然。

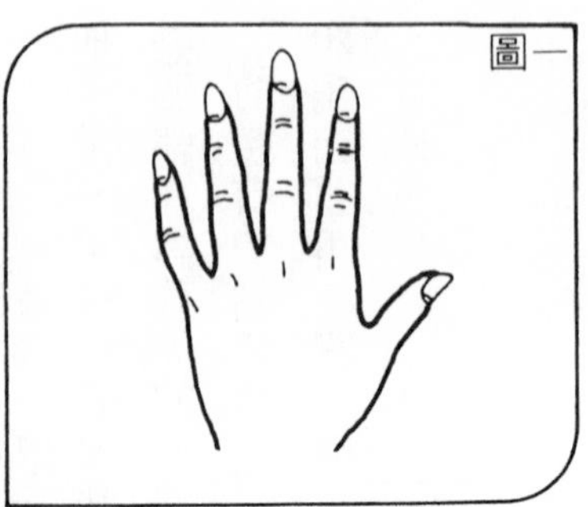

纖纖細長的手指

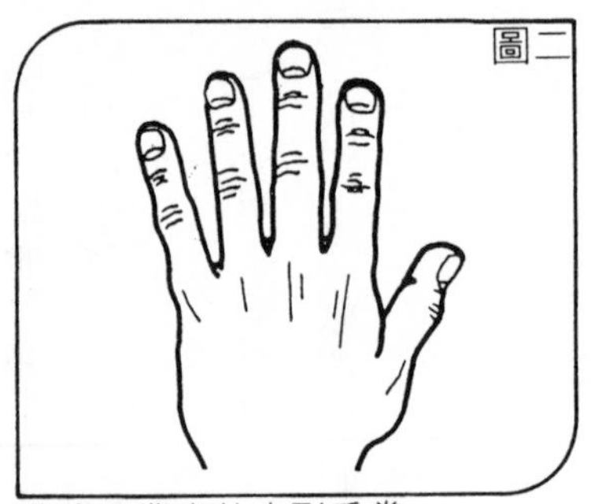

代表企業家的方形手掌

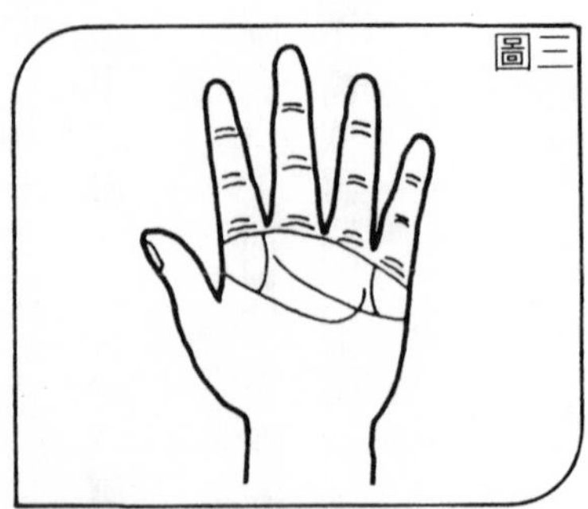

守財奴型老闆手相

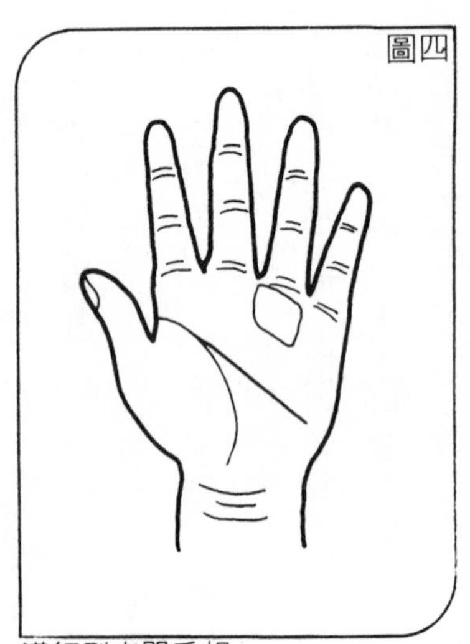

導師型老闆手相

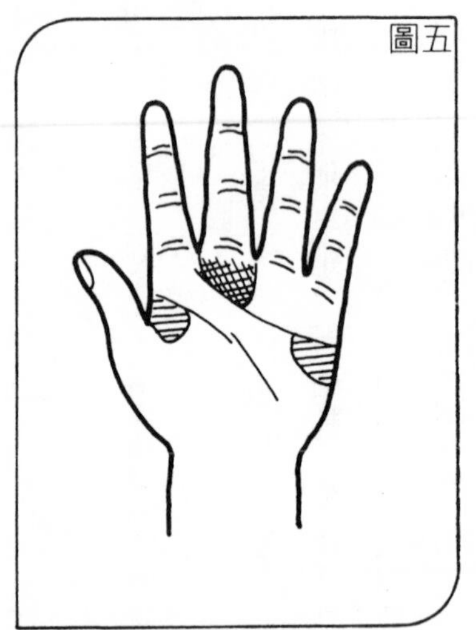

專橫老闆的手相

3.老闆檔案大公開

——血型V‧S星座求術職

想洞悉一下老闆心裏想什麼?他對員工的真實要求如何?你又該怎麼做才能配合?血型及星座能提供你更多的意見。不過，請配合前兩節的面相、手相分析，會更精準。

先翻至附錄㈢命相小百科——四種血型及四大領域星座的基本敘述，溫故知新一下。然後張大眼睛，好好地看看你未來或是現在，甚至是過去的老闆，還有什麼你不知道的工作性格及要求。

1.A血型十二星座的老闆

A血型的老闆常被譽為最具菩薩心腸的老闆，他對部屬、員工十分和善及有

耐性，喜歡以苦口婆心代替嚴詞叱罵，非常具有教育家的美德。

這麼說未免以偏概全，畢竟十二星座個性皆不同，所以所有的A型未必行事如出一轍，最好是多方綜合觀察，才會得到較正確的答案。

A型V・S土象星座

A型摩羯座的老闆——沈穩實在

這種老闆沒有幽默感，但是非常腳踏實地，而且井井有條，很少出錯。在公務機關中沈穩的主管，多為此型人的代表。

別跟他們開玩笑，A型摩羯座的老闆希望員工認真負責，最好是按部就班把事情確實做好。而且，最好少說多做。

A型金牛座的老闆——保守固執

很保守、很固執，但是財務狀況也很平穩，A型金牛座的老闆一是一、二是二，與投機及冒險絕緣。

他們期待你和他一樣地忠誠勤奮，最好以公司為家。只要你願意並且能力不錯，A型金牛座的老闆甚至願意雇用你一輩子。而且在一開始面試的時候，他們就在考慮這個問題了。

A型處女座的老闆——要求完美

他們真的很嚴厲嗎?其實，他們是最能讓你學到東西的老闆了。

A型處女座的老闆會將完美主義充分散播在每個工作的角落，要求員工也同樣要求自己。和別的老闆比起來，他們不好應付，但是卻很有耐性，他們知道一件事要用心做好需要時間，執行者不必太趕，但必須要做得盡善盡美，讓他們幾乎挑不出毛病才行。

A型V・S火象星座

A型射手座的老闆——創意泉源

一下子鬆，一下子緊，A型射手座的老闆常令員工無所適從。不過，員工工作態度不是他（她）關心的重點，只要普通敬業就不會令他（她）抓狂了。

他（她）真正在乎的是，有沒有人能跟得上他（她）為事業前途所策畫的未來大計；偏偏他（她）的點子特別多，創意源源不斷。可惜，他（她）會因為新鮮感銳減而放棄原先的計畫。

你如果要成為他們的員工，別忘了保持最佳彈性，還有一丁點執著，遇到好點子時，不妨勸他們執行完成吧！

A型牡羊座的老闆——試再試

衝動又情緒化的A型牡羊座老闆，在事業上雖然衝勁十足，可是持續力卻不夠，往往會半途而廢。

他們會在事情將近完成一半的時候，忽然間考慮整件事情的對與錯，原先衝刺的熱情幻化於無形，非得再次點燃才行！

要成為這種人的員工及部屬，必須有耐性及相當程度的涵養，才能適應他那種急緩交加的脾氣。你可以興匆匆地跟著他們衝鋒陷陣，在他們忽然失掉信心之際，別忘了也調整自己的步伐。記住，慢半拍的員工他們是不會考慮的。

A型獅子座的老闆——切看我

不要因為他們表面的好脾氣和溫文儒雅的個性，就以為A型獅子座的老闆不看重權威，事實上正好相反。

他們可以容忍員工及部屬無能，甚至姑息養奸，可是絕不容許你向老闆的威嚴挑戰！你可以在很有限的範圍內決定很有限的事，但最好還是聽他們的，否則他們可是很能拗的，會用盡各種方式讓你俯首稱臣。

只要你工作能力尚可，一切聽話，他們就會搖身一變，像個大家長似的，照顧他們事業王國中的每一位子民。

A型V．S水象星座

A型雙魚座的老闆——溫柔親切

老闆的權威與A型雙魚座絕緣，如果你還是感覺得到，那絕對是裝出來的，日子一久，便瓦解於無形。

他們的事業格局不大，對員工及部屬很好，就像一家人一樣。但是由於心思太過溫柔細緻，反倒欠缺老闆應有的魄力，顯得猶豫不決。

此種類型的老闆很寵底下的員工，甚至會過於放任。但是有一種人他們絕不會用，那就是粗線條又魯莽的人。

A型巨蟹座的老闆——陰晴不定

大體上，他們都是很主觀的老闆，加上觀察力敏銳，自然很難受人影響。真正影響他們的，反而是所謂的情緒，使A型巨蟹座的老闆總有些陰晴不定。不過，他們很有「自己人」的觀念，很會照顧員工及部屬。雖然有點悶，不易說服，但是還不算討厭。你必須習慣他們的囉嗦或突然悶不吭聲，那不是惡意，只是發洩情緒的方法。

A型天蠍座的老闆——穩如泰山

你不會看見他們脆弱無助或是驚惶失措的一面，他們總是不疾不徐地發號施令，甚至有條不紊地帶頭去做，沈穩地令人由衷佩服。

這種老闆有天生的領袖氣質，還有難得的客觀。他們或許不好親近，可是卻公私分明，不太會有親小人、遠賢臣的舉動產生。然而A型天蠍座卻有思慮過深的傾向，自然而然使他們與一切保持距離。

A型V・S風象星座

A型水瓶座的老闆——大方友善

他們通常很大方，無論是用人或是用錢。不過這可不是大而化之，而是經過觀察的結果。

A型水瓶座的老闆對員工及部屬很友善，甚至有點縱容。即使忍無可忍高聲叫罵之後，還是不會有什麼激烈的舉動。但是他們對人的了解一點也不含糊，只是與人為善的個性讓他們使不出殺手鐧。

一旦他們對你產生疏離或冷漠的態度，那往往已是忍無可忍的時候。他們很難得會這樣，除非你誤把大方當作不在乎，並且一再地得寸進尺。別忘了，老闆就是老闆，怎麼樣還是付你薪水的人，豈可大不敬呢？

A型雙子座的老闆——變化無窮

你在遇上他們的時候，要先習慣「變」這一字，不然會毫無安全感。

他們欣賞能吃苦、穩定性高的人，因為可以補其不足、發揮一定的戰鬥力。但你一定要學會在最短的時候之內了解A型雙子座老闆的新想法，以免被誤會為反應遲鈍。當他們滔滔不絕地高談闊論時，你不必附和，只要及時點頭就可以了，他們喜沈默的聽眾。

A型天秤座的老闆——耳根子軟

這種老闆最需要幕僚及參謀，每遇任何重大抉擇，他們就要四處察納雅言。但是耳根子軟也是最大的毛病所在，一不小心很容易變成誤信讒言。

幾乎人人都可以對他們的行為造成影響力，A型天秤座其實是最沒主見的老闆！你若要坐穩你的寶座，最好名列在他們的重要智囊團名單之內，才能真正獲得他們的信賴及器重。

2. B血型十二星座的老闆

一旦開朗活潑的B型成為老闆，會不會是親切、可愛、與部屬同樂、沒有架子的理想伯樂呢?恐怕未必吧!

B型V・S土象星座

B型摩羯座的老闆——嚴格要求

你會發現自己好像在軍營裏討生活，你的B型摩羯座老闆像極了魔鬼司令官。

你永遠要為了達到他們的要求而努力不懈，誰叫他們既嚴厲又認真，對自己的期許又高，自然會希望部屬也能一同跟進。

放棄打混的念頭吧！如果你執意混水摸魚，保證有罪受了。

B型金牛座的老闆——安全第一

穩健經營是他們的事業格言，用人也是經過小心謹慎的選擇，你怕選錯老闆，他們比你更怕所用非人。

B型金牛座的老闆事業以安全為第一考慮因素，而且非常實際。他們寧願你沒有遠大的理想，只要盡心做事即可。至於夢想家，他們絕對敬而遠之。

B型處女座的老闆——自由心證

比起其他處女座的老闆，他們沒有那麼挑剔，但是或許比起其他B型的老闆，他們實在有點兒嘮叨。

你在B型處女座老闆心目中的印象分數，端賴你是否能拿捏他們心中完美的尺度到底是什麼，然後盡力做到。即使做不到，也要一副戮力以報的樣子，他們會深受感動的。

B型V·S火象星座

B型射手座的老闆——來去無蹤

他們實在不像老闆，常常神龍見首不見尾，很少管你打卡、上下班時間，或許他們根本不設打卡鐘。

B型射手座酷愛自由，鮮少投身在刻板規律的行業裏，對待員工就像朋友一樣，不太知道老闆的架子為何物。

反而是身為部屬的你，常要擔心他們是不是一切運作正常，會不會丟三落四的。有時甚至還要上窮碧落下黃泉地發出尋人啟事，不知他們究竟在哪裏逍遙。還有，他們很可能突然結束原有的事業，另起爐灶或作個無事一身輕的閒雲野鶴。

B型牡羊座的老闆——衝勁十足

跟火車頭型的人一起工作的滋味如何？如果你有個B型牡羊座的老闆，你很快就能體會箇中感覺了。

他們很有衝勁，可是不夠冷靜，所以稍有點不如意就會導致情緒發作，還會把氣出在部屬身上，你若瞧見這型老闆的臉色不對，最好避開，免得遭殃。

不過，他們情緒正常時，對屬下十分大方及熱情。尤其遇上寄予厚望的人才，更是不吝提攜，這點胸襟很值得敬佩。

B型獅子座的老闆——社會中堅

這種老闆的名片上可能寫滿各式各樣的頭銜，或是身兼各種社團的主持人或顧問，是活躍在社會上的中堅分子。

B型獅子座老闆喜歡勇於自我表現的部屬及員工，這樣才能與他們唱和。但是你可不要得意忘形以致搶了他們的風采，那麼他們很有可能會把你打入冷宮。

他們也會多元化發展自己事業，興致勃勃地想建立自己的王國。畢竟，只做一件事，對他們而言太寂寞了。

B型V・S水象星座

B型雙魚座的老闆——愛民如子

藝術家如果成為你的老闆，你的感受為何？當你成為B型雙魚座的部屬，情況正是這樣。

你會訝異他們比你還要纖細敏感，想法比你還要不切實際，甚至更不能承受壓力。他們的野心和別的老闆比起來，像是聖誕節所許的願望。

但他們對你是真心的好，噓寒問暖，關懷備至，讓你捨不得走；忍痛離開後，還是時常想起他們的好，尤其是下一個老闆不太像樣的時候。

B型巨蟹座的老闆——逐步考驗

從外表你是看不出來他們是否信任你，但你可別忽視了，他們可是巨細靡遺地注意你這個人。

他們會先拿些小事考驗你，如果你使他們失望，那就很難獲得賞識。如果你通過了大大小小的考驗，他們便拿你當自己人，百分百信任你——注意，你必須小心謹慎地通過每個考驗，疏忽一個，都很可能全盤皆輸。

B型天蠍座的老闆——流淚收穫

B型天蠍座的老闆期待你和他們一樣強，不屈不撓。雖然他們常是你挫折的來源。

你得打起精神來，他們不會容你喊苦叫累的，因為他們的成功也是辛辛苦苦掙來的，所以堅信要成功就要付出代價——但你得想清楚，你成就的是他的成功，還是自己的？

B型V．S風象星座

B型水瓶座的老闆——歡喜就好

你怕受拘束，他們比你更熱愛自由。你憂心其他同事工作不力，他們反而勸你別緊張，船到橋頭自然直。

他們不喜歡有壓力的工作環境，希望大家聚在一起開開心心的工作，沒有爭吵及紛亂。他們像是烏托邦的邦主，即使王國內烽煙四起，照樣散播和平主義。

B型雙子座的老闆——各自為政

這種老闆是民主政治的產品，他們鼓勵員工自治，鮮少會用什麼規矩及制度來約束下面的人。

他們大多十分健談，能滔滔不絕地說上很久，一點也不累，特別當他們對你大談事業發展計畫時，就算你發現跟上次講得不一樣，還是得盡量保持興致勃勃的樣子。

B型天秤座的老闆——平和優雅

要他們擺一副兇巴巴的老闆樣，那可真是強人所難，就算有屬下以下犯上，他們還是不太會動氣。

他們重視思考及理性，很少任由情緒擺佈，看起來總是平和優雅。有時候即使發現問題，B型天秤座會把它們交給時間去解決，並不會立即行動。

3. O血型十二星座的老闆

O型的老闆是緊張大師？這也許比較誇張些，但是其來亦有自——

O型人的人生觀非常積極，所以對工作也十分投入及認真，更希望員工及部屬能同樣熱愛工作，甚至彼此競爭，迎頭趕上。雖然，十二星座的O型老闆未必人人如此，但是，他們的共同點就是行動力強，而且較有魄力。

O型V．S土象星座

O型摩羯座的老闆——價值導向

數字觀念好，是這一型老闆的特色，他們深知開源節流對企業的重要，絕不會浪費一絲一毫在無用的地方。

他們對每個員工都有一定評價，這評價來自於你對企業的貢獻，價值越高，他們會日益器重你，價值越低你要小心了。

O型金牛座的老闆——步履穩健

就跟牛的動作一樣，O型金牛座的老闆動作很慢，尤其是遇到重大決策時，他們會因思慮過多而舉棋不定。

可是他們平時處事相當穩健，所以很少深陷險境，這就是他們高人一等的地方。而且他們很節省、不浪費，不會因為頭寸問題而引起麻煩。在他們的「緊縮」政策之下，你不見得拿得到高薪，但是一定不會拖欠薪水。

O型處女座的老闆——實踐完美

你如果遇上他們，得先有心理準備，他們不太可能會對你的工作能力百分之百滿意的。其實，只要超過百分之五十以上的肯定，就可以偷笑了。

他們指正你的方式多半是身體力行，做一遍給你看，告訴你何謂完美。說實在的，有這樣的老闆，想不追求完美也難。

O型V．S火象星座

O型射手座的老闆——沈溺工作

不管你和他們是毫不相識或是有交情在先，一旦O型射手座成為你的老闆，他們馬上就會擺出老闆的架勢，讓你有點吃不消。

他們會要求你也成為一個工作狂，像他們那樣沈溺在工作中而不可自拔。當你發出怨言時，他們仍然不明就理，難道人生不就只是為了喜歡的事情奉獻犧牲嗎？

O型牡羊座的老闆——要求尊重

雖然他們的領導慾望強，但不失為一個有商有量的好老闆，只要你態度像是屬下對老闆謙卑的建言，他們會考慮接受的。

O型牡羊座的老闆不一定大方，但是絕不小氣，尤其他們不會吝惜表現對你的器重，而且還會適時給予獎賞及鼓勵。

O型獅子座的老闆——絕對權威

服從他們吧！他們是萬獸之王中的萬獸之王，豈容屬下有任何不聽話的行為？不然你就趁早另覓頭路吧！O型獅子座的老闆並非池中物，他們絕對找得到使你就範的方法，而他們在這方面向來是攻無不克，戰無不勝。

O型V・S水象星座

O型雙魚座的老闆——優柔寡斷

說他們是好人好事的代表，一點也不為過。他們對部屬員工仁慈、體貼、大方。但你可千萬不能辜負O型雙魚座老闆的好意，他們會翻臉的。

這位好好老闆會常常徵詢一大堆員工及部屬的意見，哪怕只是芝麻小事。誰叫他們總是優柔寡斷，無法決定呢？

O巨蟹座的老闆——信任第一

就像父母呵護小孩子一樣，O型巨蟹座的老闆對員工的照顧，可說是無微不至。

但是如果你在工作上表現連續失利，或是使他們失望，你很快就被摒棄在「自己人」的行列之外；他們依然對你客氣，但不太可能再度重用你。O型巨蟹座的老闆自認信任是無價之寶，他們絕不濫用，屬下也必須全力爭取。

O型天蠍座的老闆——自戀大王

他們能力或許不差，可是並不是十項全能。但O型天蠍座的老闆非常自戀及自信，總覺得自己棒透了，無人能及。

他們總是覺得屬下有些無能，所以喜歡精神訓話。你一定要把握機會在他們面前展現實力，他們嘴上不會承認，但肯定會對你刮目相看。

O型V．S風象星座

O型水瓶的老闆——內外有別

再怎麼嚴厲的O型水瓶座老闆，也會挺身而出護衛員工及部屬，他們即使知道錯在自己人，還是會不惜強辭奪理的。

可是他們對內的方針則是腳踏實地，用心做好每一件事，否則一樣要吃排頭！他們非常重視工作倫理，任何人都不能違背，近親好友也一樣。

O型雙子座的老闆——變化無窮

在他們改變主意之前，趕快去辦！這是給為O型雙子座老闆工作的你，一個良心的建議。

他們源源不斷的創意固然令人激賞，但變化的速度太快，使旁邊的人無法接

招，只好把握時間盡速完成。不過他們就愛屬下凡事馬上辦，符合急性子的原則。

O型天秤座的老闆——公平主義

不用擔心他們會偏袒哪位同事，他們絕對講求公平。可是公平也只是嘴上說說，O型天秤座的老闆很少會雷厲風行的去解決辦公室紛爭。

他們悠閒的個性使自己的事業成就一直不上不下，其實以天秤座聰明冷靜的頭腦，要起要落端賴一念之間。

4. AB型十二星座的老闆

如果你的上司及老闆是素來被認為難纏的AB型，你就更應該提高警覺來觀察他們。

AB型的老闆和其他種血型最大的不同是，他們有兩種血型的特質交錯或融合。所以經常反反覆覆，不容易掌握。

別忘了他們是兩種血型夾纏在一起，所以你的老闆其實不只一個，有時你會有一種打群架的感覺。

AB型V・S土象星座

AB型摩羯座的老闆——謹言慎行

他們很少寵溺部屬，多半是沈靜冷漠地從你面前經過。但你仍要豎起耳朵聽他們對你說什麼，謹言慎行的AB型摩羯座說話都有其目的，如果他們稱讚你，不妨暗自竊喜，但切勿表示自滿。

如果他們批評你，你最好趕快反省，而且要讓他們知道你是知錯能改。

AB型金牛座的老闆——不知變通

和其他金牛座的老闆一樣，他們和藹、努力、實際，但是卻是最頑固、最不知變通的。如果你要推翻他們的決定，其壯烈不亞於愚公移山。對！他們就是這麼固執，你趁早打消念頭吧！

AB型處女座的老闆——計畫第一

做每一件事，他們都會先要求你事前做計畫，而且要巨細靡遺，不能有任何疏漏。

你必須思想敏捷、動作迅速，才能應付他們的要求。他們不會理會你做計畫耗去了多少時間，他們希望計畫開始沒有多久，就要看到效率及成果。不然，你最好另擬一份計畫吧！

AB型V・S火象星座

AB型射手座的老闆——說做就做

這一型的老闆像極了無頭蒼蠅，想到什麼就做什麼，連帶部屬也被使喚得忙個不停。

你最好悄悄地寫個備忘錄，看有多少事情亟待解決，不妨理出一個頭緒來。跟著這種行動力大於思考力的老闆，你絕對需要保持冷靜及清醒。

AB型牡羊座的老闆——暴躁易怒

他們的魄力及野心令人激賞，但動輒暴躁易怒的脾氣卻令人退避三舍。

身為他們的屬下，最好練就一身隱遁功夫，一見苗頭不對最好拔腿就跑，免得挨罵。等到他們脾氣發完，恢復理性之後，再現能力也不遲。

AB型獅子座的老闆——要求嚴謹

絕對的理性使他們在對待屬下及員工時，常要求對方要做到一百分，並且沒有抱怨及做不到的理由。這種斯巴達式老闆帶人就像帶兵一樣，你被操得死去活來，他們可也沒閒著。

但他們不會抹煞你的努力及貢獻的。當然前提是——你已經咬緊牙關達到了他們的要求。

AB型V．S水象星座

AB型雙魚座的老闆——春風化雨

可能從事公益事業比較適合他們，否則他們的心腸那麼軟，又那麼不喜歡與人競爭，怎能經營好一份事業呢？

他們絕對能站在屬下的立場為你著想的，更不會對你要求太多，為他們工作，簡直就是如沐春風。

AB型巨蟹座的老闆——就事論事

就事論事是他們最理想的老闆風範，不會因為一己的好惡印象而做出偏頗的判斷，影響團體的和諧。

他們在外的人際關係也相當地好，這跟他們善於處世有關。更重要的是，他們希望一切都在平和理性下進行，不要有任何不愉快產生。

AB型天蠍座的老闆——謀定後動

無論做任何事，他們都不會貿然前進，總是在觀察、研判整個情勢之後，再著手進行。

他們很少參詢部屬的意見，而以命令的方式分配每個人該做的事。在AB型天蠍座老闆心中，大部分的屬下都只是棋子，供他們調度指揮。

AB型V·S風象星座

AB型水瓶座的老闆——重視分寸

習慣充分授權，他們的民主常令屬下有莫大的成就感。但是AB型水瓶座有他們的分寸，一旦屬下踰越了權限，他們就會拿起令牌，重申自己的老闆身分。

他們很少拿老闆權威壓迫人，但是遇上他們所堅持的理念與屬下相違背時，他們會以命令的方式，要求屬下完全無條件服從及執行。

AB型雙子座的老闆——複雜難懂

你很難一言以蔽之形容他們，除了複雜難懂還是複雜難懂。

跟隨這一型老闆時，你不但要隨機應變，還要適時站穩立場，不要受他們冷熱不定的情緒影響太多，以免使事情變得棘手而難以處理。

AB型天秤座的老闆——閒雲野鶴

在為名為利奔走的行列中，你見不到他們。雖然說是作老闆的人，AB型天秤座反倒野心不大，像個閒雲野鶴般經營他們的事業及人生。

到了該拼的時候，還是會勉為其難上陣的。只是他們有他們的標準，絕不會為了現實的名利放棄悠閒的生活。作他們的部屬及員工，最好不要太現實，以免被他們認為是眼光淺薄、短視近利之人。

伯樂如何遇良馬

～～求才觀人術

雖說找個好頭家不容易，但當老闆的也有一肚子苦水，不是嗎？在上一節我們談了那麼多「解剖」老闆的方法，現在要站在老闆這一邊，運用面相、手相、星座及血型，來為老闆們「體檢員工」。

老闆們日理萬機，謀財求發展都來不及，再加上員工千千萬萬個來來去去，哪有如此多的心思靜心分析、觀察？所以，老闆的求才觀人術所關心範圍自與員工不同。

站在老闆立場，應該是以鄧小平原理來判斷下屬的能力程度，即所謂「管他黑貓、白貓，能抓老鼠就是好貓」的心態；這固然沒錯，但人不是貓，有更進步的想法及作法，很有可能庸庸碌碌卻仍保住飯碗，在老闆的王國裏繼續寅吃卯糧，甚至劣幣驅除良幣。或是身為老闆的你好不容易遇上良才，作了沒多久對方即掛冠求去……

老闆若是看走眼、用錯人，或是不諳唯才適用，最後倒楣的還是自己！員工大可拍拍屁股走路，到別處繼續打工生涯。老闆卻要收爛攤子，更可惜的是遇到居心不良的員工，搞得破財又虧本。

不管是權威的老闆、平易近人的老闆、小氣的老闆、出手大方的老闆、樂天派的老闆、緊張大師的老闆、不拘小節的老闆、錙銖必較的老闆；都一定要熟諳用人及管理之道，先曉得你未來或是現有的下屬員工究竟聰明才智、工作態度，甚至人際關係、性格如何，才不會屢有遇不上良馬、用人不得當、人事管理不易的伯樂之歎！

先喘口氣、歇息一下。因為，下面的內容可能使作老闆的你一陣膽顫心驚或是恍然大悟，原來自己的「求才觀人術」還有待加強。沒辦法，誰叫人心隔肚皮呢！本來員工及部屬對老闆就沒有講真話的必要，對不對？

1. 屬下長相大公開
——面相求才術

求才看走眼，是老闆心中最大的痛。避免踏上這種不歸路的第一步就是——妥善運用面相求才術。

當你與未來員工及部屬的第一次接觸開始，面相就是最好的人事情報來源。就讓我們以綜合的面相角度來幫你選良馬，淘汰劣馬吧！

☺面相求才術第一站——眼神

看完第一章之後，相信你對觀人術已有了粗淺的認識，現在我們提供你更多的求才面相須知，踏出求才術的第一步——

一個人的眼神如何，多多少少反映出他（她）的心思所在，再搭配眉形的觀察，可以初步了解你未來或是現在的部屬待人處世如何，在工作中表現如何。

清明透亮，煥發光采的眼神，是最令人欣賞的。表示其人富有聰明才智，觀察力入微，也多能善解人意。如果眉形生得渾圓理想，無論智慧及機運都會更上層樓。

要是屬下的眉形生得參差不齊，儘管天資聰穎，難免會出現混亂及盲點，做人也比較衝動，容易惹事生非。

眼神混濁，給人萎靡不振的感覺，思想也多方混沌，做人處世凌亂毫無章法。即使眉形長得再好，也是於事無補。

眼神遊移，總是好像避免與人目光相接，就像做了虧心事一樣。他們內心膽怯多疑，做事也諸多猶豫，並不是值得信賴及託負責任的部屬。

有的人不必瞪眼，雙目就像噴火一般，在這種凌厲駭人的目光下，潛藏一顆暴躁乖戾、偏激易怒的心。任用他們就像在身邊埋下炸彈，什麼時候爆炸都不知道。你不難發現，有很多暴力組織的小嘍囉、恐怖份子，都有這麼一雙眼睛。

眼神柔和寧靜，多是心思、想法比較冷靜仔細的人，他們不適合衝鋒陷陣，卻是最好的守成人才。但如果眼神太過平靜，甚至有點困滯，那就表示其反應、想法都不是很敏捷，注意力也不太集中，工作態度偏向消極、散漫。

☺鼻、耳、唇提供屬下面相其他相關資訊

除了眼神、眉毛，從其他五官（鼻、耳、唇）的大小、粗細、厚薄曲直或是長短，都能約略看出對方在工作上的表現及態度為何。

首先是鼻子、鼻子大的人比鼻子小的人有衝勁，做事也比較積極。但是鼻子小，想法比較謹慎，處世偏向穩健，考慮的層面也多，不會盲目行動。

鼻子尖細，尤其準頭無肉，會凡事都以自我為中心，不願為別人著想，團隊精神很差。身為老闆，當然希望屬下敬業樂群，那麼你最好多注意鼻準頭肉多及豐厚的人。

鼻型挺直，表示人生旅途順遂，想法及行為也屬於樂觀進取。鼻子最忌歪歪扭扭，那麼人生的路就比一般人崎嶇，個性也會因此沈鬱、悲觀。

長鼻子比短鼻子要沈得住氣。但是鼻子太長，反而會優柔寡斷，做事拖拖拉拉。鼻子過短，急躁沒耐性，常因衝動而誤事。

再看耳朵，耳大的人富有安全感，在工作上敢衝敢闖，較有擔當。耳小的人個性小心謹慎，做事仔細且多有規畫。你可以找耳大的人參與開發性的工作，耳

小的人可負責稽核、查驗，或是危機處理。

尖細的耳朵固然沒有渾厚的耳朵好看，但他們多半工作態度十分認真，幾乎是達到不眠不休的地步。這種拼命三郎的員工作事的投入及才能令老闆沒話說，就是有一點緊張兮兮，令同事們吃不消。

耳朵的長短意謂一個人成就的早晚，也意謂脾氣的好壞。耳朵越長，脾氣也溫和，待人接物彬彬有禮，多是受人歡迎的人物。耳朵短，性子也急，工作情緒容易受外界影響，工作表現常會大起大落，人際關係也不夠圓熟，不適合任用他們從事溝通協調的工作。

嘴巴即使不說話，也能透露不少涵意。嘴大的人比嘴小的人活躍，也更想得開。俗語說：「嘴大吃四方」，即是指大嘴巴的事業發展蓬勃，人緣也不錯。以業務員來說，大嘴就比小嘴吃香。

厚嘴唇看起來有點好笑，但是忠誠度要比薄嘴唇來得高，靈敏度卻相反，就看作老闆的你如何取決。嘴唇太薄，無時無刻不為自己打算，很少為別人付出，更別提與老闆同甘共苦了。

☺額頭、下巴對屬下面相的影響

額頭代表一個人的思維及智慧。寬闊飽滿的額型，是最理想的，被認為是聰明過人，少年有成的象徵。

額頭的寬度以三指橫向並列為準。窄額的人事業發展不如寬額的人。但無論寬窄，額頭最忌凹陷，除了才智稍遜，運程也不會很理想（見圖）。

額頭略向前凸起，是智力發達、隨機應變能力極佳的象徵，許多高智商的天才，大多有這樣的額頭。身為老闆，你未必需要或受得了天才，但絕不希望前來求職的行列中個個都是大笨蛋！

窄額

寬額

渾圓的下巴，可補面相的諸多缺失，使整體運上升。據說老一輩的日本企業家，挑選部屬及員工時，很在乎對方的下巴是否長得好，若是過於尖細瘦長，其他條件再好，都不會列入考慮的。

☺談吐之間的玄機

說了這麼多的面相求才術，大都是在臉部各部位打轉。現在提供你另一項法寶——談吐觀人術，也就是當你在面試新進人員時，最主要的印象分數來源。

面試時，你可以憑經驗、智慧來研判其人的談話內容代表什麼，以及程度為何，並促進彼此的了解。可是有很多訊息是你聽不出來，但卻是不可忽略的面相求才術。

花點心思去注意對方談吐時的肢體語言，像是唇形及表情的變化、有無手勢等。

說話時兩片唇振動幅度不大，而且面部表情僵硬如蠟像，你得注意他（她）是不是個死氣沈沈、頭腦僵化的人。也許你可以問他們一些腦筋急轉彎的問題，看看答案如何，以測知他們究竟是過度緊張還是天生如此。

說話時唇型變化劇烈、面部表情豐富，甚至還有手勢動作來輔佐說明，你八成是遇上演說家了。如果你是甄選演員，這種人當然一級棒！如果不是，小心他們說得天花亂墜，卻是辦事不牢；或是個性活潑不羈，不喜歡受企業組織規範約束。

說話時嘴唇上揚，其人必定自信十足，要是嘴唇下垂，缺乏信心也缺乏耐性。

☺聽音辨性——面相之外的觀察法

談吐時的聲音，也是求才術的一項重點。各位老闆除了把握機會看面相，也請仔細聽了——

聲音清朗明亮，或是聲如洪鐘，都被認為是好相。至少與人溝通無礙，而且少有不可告人之事，所以有話不怕大聲說。

聲音如果哽在喉嚨，咕嚕半天也聽不清楚的，不是喉頭發炎，就是天性懶散，連話都不願說明白。當老闆的人最怕遇上懶蟲，那可真是氣死都有份了。

聲音過高，甚至說話速度如連珠炮的，不但是急性子，而且做事會莽莽撞撞，常得罪人也不自知。聲音低沈和緩，雖然有磁性，但人生觀也比較消極退縮。

聲音闇啞，就是所謂的破音，是公認最不好的。不只是聽者不舒服，亦有損表達能力，對工作多所妨礙。相學上還有一個說法是，聲若嘶啞，一生運行多不順遂，不過這僅供參考而已。

2. 屬下手相大公開
——手相求才術

再來握一次手！這次可是作老闆的注意了，對方的手相如何，就從這一步開始。（請參考前文之手相觀人術）

若是第一次面試對方，當然不方便拿起手來端詳掌紋線、掌丘，只能從握手及掌型、指形的呈現來判斷其人其性，別忘了跟上一節的面相求才術配合。

☺由手的大小及彈性看人生觀

從握手之間，你可知道對方手的大小及軟硬程度。一般來說，大手比小手細心、考慮多（乘機看看掌紋線密不密），個性也比較沈靜。

手的彈性以軟、硬適中最佳，表示其人活力充沛，做事非常積極奮發。軟綿綿的手就比較沒有衝勁，凡事不喜歡自己動手，都推給別人去做。

硬邦邦的手如其名，精力旺盛卻十分理智，同樣也有流於死板的可能，是個不喜歡轉變的人。

☺從手的形狀分辨良馬、劣馬

不同的掌型、指形，代表不同的個性及對工作的看法及執行力，作老闆的可得仔細看了。

手掌呈方形，手指上下幾乎一般寬，而且也呈方筒狀，是一雙值得信賴的手。這種人一旦成為部屬，一定凡事盡心盡力，什麼都要做到最好，既認真又負責，絕對講求效率，堪稱是第一級良馬。

有的老闆或許喜歡任用人際關係良好，口才不錯的交際高手。那麼在他（她）高談闊論之前，先看看是不是具有一雙掌型橢圓、手指呈錐形的手，要是沒錯，那就八、九不離十了。

勞動業的老闆希望找到吃苦耐勞的好兄弟，掌型略呈方型，指形粗短的手，正符合這樣的條件。雇用他，一定會令人「呷意」的！

要是你遇上一個凡事都想得很深、很遠，又喜歡講道理及問為什麼的下屬，他（她）一定有雙很有個性的手，掌型瘦長，手指指節突起，就像五株多節的松樹並排站在一起，這種人屬於思想家，多出現在學術文教圈（圖一）。如果你不是此行中人，還是三思而後行吧！多看看對方的其他部分再做決定。

許多老闆害怕找到大少爺、大小姐型的員工，因為怕吃苦而不肯努力，甚至諸多抱怨。這種天之嬌子及嬌女大多擁有一雙人人羨慕且足以拍廣告的美手，掌型修長呈圓形，手指纖柔細長，連指甲都勻稱整齊。你想想，為了維護這麼美的手，怎麼可能會咬牙苦幹或從事勞動工作呢？更別說是為前途搏命了。

還有一種手是呈芭蕉狀散開的掌形，指尖為圓柄狀，表示個性大膽創新，適合作開國功臣。事業在草創階段的老闆，最需要這種員工及部屬，因為可以一同並肩作戰。可是到了局勢穩定之後，也許就是他們向你說拜拜的時候了，因為他們最不能忍受一成不變、風平浪靜的生活，還不如就此求去，另闢戰場。

若要再進一步把手相看得更仔細，那就得看掌紋線及掌丘了。不過可別急著在面試開始的時候「動手」，以免對方誤會你「別有所圖」，最好是彼此熟識一點再「下手也不遲」。

☺從掌紋掌丘體檢下屬

土星丘及火星丘發達（至少不凹陷），中指直而不偏不倚，事業線清晰而緜長，表示其人工作認真勤勞，而且能夠貫徹始終。這類型的員工堪稱忠心耿耿又可靠，對老闆及企業十分忠貞，不會隨意跳槽，甚至待上一輩子都有可能。

太陽丘較高，火星丘未凹陷，智慧線清晰，感情線介於食指、中指之間，這是公關及業務人員的理想手相。他們頭腦清楚，待人處世非常有分寸，對外拓展關係順利，是老闆不可或缺的左右手。

如果你看見你的下屬感情線及智慧線呈鍊狀，奉勸你最好別把重責大任交給他們，因為他們既缺乏恆心及耐性，又不肯腳踏實地去做事，只想一步登天，往往成事不足，敗事有餘（圖二）。

土星丘略凹陷，事業線斷斷續續呈多條細紋，智慧線下垂，大半此人換工作的頻率十分驚人！因為他們性格不穩定，做事只有幾分鐘熱度，過不了多久就有不如歸去的念頭。即使他們能力很好，但動輒琵琶別抱，也只是徒增人事困擾，並無多大幫助（圖三）。

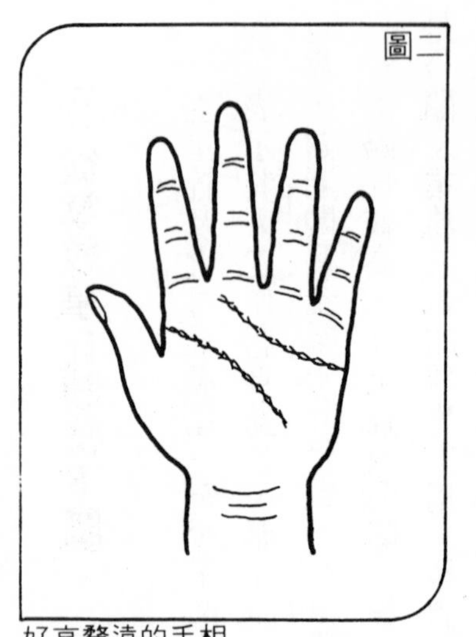

好高騖遠的手相

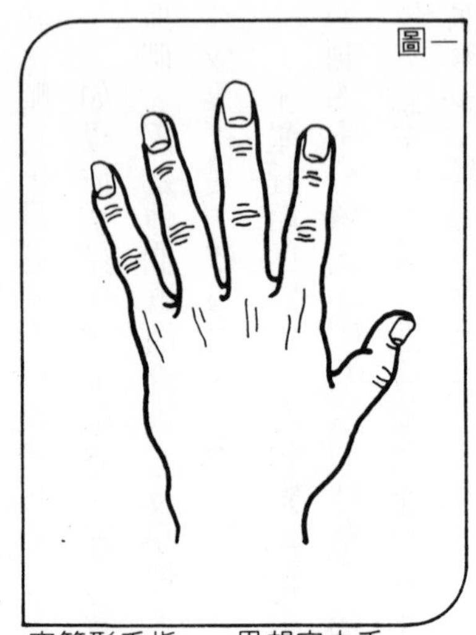

突節形手指——思想家之手

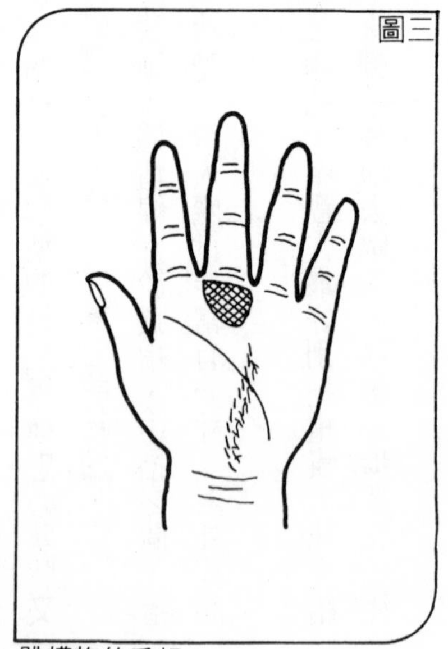

跳槽族的手相

3. 屬下檔案大公開
——血型V・S星座求才術

想更深入了解屬下的內心世界嗎?這可是你唯材是用，創造人事績效的法寶;就讓血型及星座助你一臂之力!

照例要請你參考前兩節面相及手相求才術，再配合本節的說法，共同組成你個人獨家的伯樂求才大法，讓良馬與你共創未來，劣馬從此與你絕緣。如你對血型及星座的基本概念仍不熟悉，請先翻到附錄㈢，先行研究之後，再開始修鍊求才大法吧!

1. A血型十二星座的屬下

許多老闆偏愛A型員工，因為他們絕少成為團體中的叛逆份子，總是安靜老實地做好自己分內工作，並且服從組織及老闆的命令，很少有大逆不道或向權威挑戰的行為。

A型屬下果真是乖乖牌嗎？沒錯，他們是四種血型之中，屬性最溫和的，但並不表示就一定是模範員工的典型，且看A型與十二星座的工作性格組合——

A型V．S土象星座

A型摩羯座的屬下——模範員工

遇上這一型的屬下，老闆可以放心地暗自竊笑。他們吃苦耐勞，做事勤奮有效率，態度嚴謹認真，簡直是不可多得的模範員工。

你可以將重任委以他們，而他們也一定會全力以赴，盡心盡力完成。但是切記別逼他們去從事交際、公關之類的事，對於拘謹的A型摩羯座，這比開除還可怕。

A型金牛座的屬下——埋頭苦幹

他們不多話，鎮日埋頭苦幹，甚至是自動加班記錄的保持人，但你如果不注意，依然會忽略他們的存在。

A型金牛座不擅表現、推銷自己，所以很少有成為老闆跟前紅人的機會。如果你實在怕極了大冒險家型的屬下，在你的王國裏翻雲覆雨，那麼重用A型金牛座的人會使得你的日子非常平靜而好過。

A型處女座的屬下——追求卓越

別擔心他們做不好事情，情況正好相反！你這個老間得阻止他們因為求好心切，而導致鑽牛角尖。

他們在完美主義的驅使之下，對任何事都要求盡善盡美，以追求卓越為第一目標！他們很少被老闆指責工作不力，卻使老闆有越繃越緊的壓力。為了大家的健康著想，你應時時刻刻鼓勵他們放輕鬆，並且高唱明天會更好。否則，他們的企圖心及對人對事的批判能力，將令你窒息。

A型V・S火象星座

A型射手座的屬下——愛好自由

他們喜歡挑戰，厭惡一成不變，是極端的自由主義者，也是令老闆又愛又恨的麻煩人物。

他們幾乎不會喊累，能為了熱愛的工作不眠不休，甚至廢寢忘食，考驗越大，越能激發他們投入的決心！但是他們的使命感是來自於自我的期許，而不是老闆或是企業所謂的崇高理想使然。

要有隨時和這種人告別的心理準備，因為他們常會為了自由甘心放棄一切。碰上A型射手座的部屬、員工，你一定會忍不住嘆道：老闆難為。

A型牡羊座的屬下——天人交戰

別看他們一副自信滿滿的樣子，事實上他們有時也會懷疑自己是否真的一無是處。

假如他們不那麼情緒化，不那麼忽好忽壞，A型牡羊座實在是很勤勞又很有衝勁的好部屬。只可惜由於本身性格一動一靜的矛盾使然，常令他們天人交戰，因而進退維谷，影響辦事效率。

你只要了解他們的苦衷所在，盡量避免交待太複雜的事情給這一型的部屬。他們的長處是奉命執行，而運籌帷幄對他們來說是災難，而你卻得準備負責善後。

A型獅子座的屬下——陽奉陰違

他們的謙沖常帶給作老闆的一種錯覺，便是如此驕傲的人終究會臣服於權威之下。事實上，他們知道自老闆手中奪取決定權不一定要正面衝突，換個方式運作也可以。

所以，他們心中真正的老闆是自己，一旦時機成熟，A型獅子座便會迫不及待自立門戶，或許還會和你打對台。

別想馴服他們，用開明的方式和他們耐心溝通，或許收穫更大。

A型V．S水象星座

A型雙魚座的屬下——溫柔善感

你很少在大企業中看到A型雙魚座的員工，溫柔善感的他們寧願餓死也不願受刻板的階層組織剝削的。

溫馨而人性化的環境，會激發他們的想像力及創意，所以多出現在藝術、創作的領域。別因為他們的溫柔、體貼就擺出老闆的架子，他們需要的是朋友般的鼓勵而不是威權統治。一旦感覺不對，他們不會反抗，只會悄悄地逃走。

A型巨蟹座的屬下——感情用事

你若能遇上這種員工，值得恭喜——既細心又有耐性，負責又認真，除了有點固執己見，好像沒有什麼毛病了。

但他們的內心澎湃洶湧，經常為情所困，只是他們掩飾得很好，你不會發現罷了。千萬別讓他們主管人事部門，夾纏不清的人際關係會使A型巨蟹座無所適從。

A型天蠍座的屬下——大將之風

他們辦事，你盡管放心，那份天生的冷靜及穩重，讓他們看起來頗有大將之風。

只可惜，A型天蠍座的沈著及犀利的決斷能力，常使他們傲視同儕或顯得功高震祖，反而成為遭嫉的對象。作他們的老闆得特別有容人的雅量，並且適時給予他們應有尊重及獎勵，如此人才若因故下堂求去，是你的損失。

但你也應該有某種程度的警覺，因為天蠍座本身就是企圖心、野心極為旺盛的星座，而A型的內斂特質正好形成他們的保護色，讓人不易察覺他們究竟是真的效忠於你或是別有用心。

A型V・S風象星座

A型水瓶座的屬下——廣結人緣

雖然不乏知性及創造力的光芒，但他們是不可多得的人際關係專家，這不是因為工於心計，而是與生俱來的親和力，為他們贏得人心。

別忽視他們這方面的能力，好好利用，A型水瓶座會成為組織安定的力量。而且繁瑣的行政工作難不倒他們，未必解決的盡善盡美，但是一定會不負使命。

A型雙子座的屬下——不甘寂寞

他們的點子源源不斷，待人接物備受欣賞——你正要深慶得人之際，卻發現他們似乎有點耐性不夠。

缺乏耐性是雙子座的致命缺點，但是由於A型的影響，使他們多少還能勉強自己多培養一點對事情及工作環境的耐性，不過能勉強多久就不知道了。

由於適應力強，換工作對他們而言並非畏途，反而越換越有心得。規律刻板的環境是留不住他們的，他們更會因此水土不服。如果你是個不甘寂寞又喜歡刺激的老闆，那可說是最佳拍檔。

A型天秤座的屬下——最佳幕僚

跟各種老闆共事，A型天秤座的屬下永遠是最佳幕僚人選。他們理性平和，進退有據，細心體貼，更不會抗命行事或膽大妄為，老闆們能得此型人相助，安啦！

只是任何的重大決定，別寄望他們能提供什麼好意見！缺乏主見的A型天秤座會絞盡腦汁，卻沒有一個建設性的想法，更沒有放手一搏的膽識，他們喜歡靜靜地躲在幕後，為老闆效命。

2. B血型十二星座的屬下

在組織裏，B型人不但像開心果，而且反應敏捷，非常了解上意，可說是如魚得水。

但B型人的工作態度如何，果真是一般所說的虎頭蛇尾嗎？請看B型與十二星座的組合——

B型V・S土象星座

B型摩羯座的屬下——自我砥礪

作老闆的常會為B型摩羯座的自我要求而感動，他們在好勝心的驅使下一定會搏命演出，絲毫不管是否身歷險境。

但他們可不是沈默的羔羊，你也許有一天會詫異地發現，他們會為了原則問題和你爭辯。不過看在B型摩羯座工作像拼命三郎的份上，你不妨多聽他們的意見，未必沒有用喔！

B型金牛座的屬下——慢條斯理

你看見他們慢條斯理的做每件事，雖然安慰但也不得不著急，因為為了求好心切，他們真的有點浪費時間，有點跟不上時代的速度。

可是，他們的踏實努力和穩定又叫人窩心，畢竟這麼實在的人已經不多了，

你不妨設定時間表來幫助他們做事更快捷、更有效率。

B型處女座的屬下——量力而為

在待人處世方面，他們自有分寸，做事也顯得井井有條，不太容易出錯。雖然是處女座，偶爾也好發議論，但他們的吹毛求疵會適可而止。並且也不太會因為工作未達預期目標而自責，大而化之的個性會促使他們量力而為，對很多事持保留態度。身為老闆的你，偶爾也要製造一點壓力，幫他們上緊發條。

B型V・S火象星座

B型射手座的屬下——不受拘束

辦公室是關不住他們的，B型射手座常會找機會出外遛達，外務工作比內勤要適合多了。

還有他們雖有衝勁，反應迅捷，卻不夠細心沈穩，所以難免粗心大意，出點差錯。你可以善用他們衝鋒陷陣的特質，盡量避免交待繁瑣的工作，以免英雄無用武之地。

B型牡羊座的屬下——意見領袖

在競爭激烈的工作環境，你可以發現他們活躍的身影，以及充沛的熱誠與幹勁！

B型牡羊座喜歡面對挑戰，情況越緊張越能刺激鬥志。有時，甚至會將這種特質發揚光大，成為製造壓力甚至麻煩的人物。尤其當旗鼓相當的對手出現時，他們會不惜一戰！

平時，他們以意見領袖自居，常會對老闆提出批評及建言，你不必發火，也不用照單全收，只要靜靜地聽他們說，讓這一型的部屬適時渲洩不滿，表示你重視他們，就能解決問題。

B型獅子座的屬下——勇於表現

在組織裏，他們最活躍，讓老闆們不得不注意他們。而B型獅子座豐富的創造力，使其很快在組織中脫穎而出。

重視他們的貢獻及能力，但不要寵溺他們，這會使其他人心理不平衡，也會使他們因為得意而忘形，從得力助手變成了麻煩人物。

B型V・S水象星座

B型雙魚座的屬下——祥和天使

你永遠不會看到他們臉紅脖子粗地與人爭吵，總是安靜文雅地做好自己份內的事。他們十分在意人際關係的和諧，寧可退讓也不願傷了和氣。

你會為B型雙魚座的屬下缺乏爭鬥的勇氣而困惑，但又會欣慰他們的存在，通常會使暴戾化成祥和。

B型巨蟹座的屬下——一流幕僚

你要擁有堅強的智囊團，千萬別漏了B型巨蟹座，他們習於隱身幕後，以敏銳的心思，為老闆運籌帷幄，貢獻心力。

他們善於隱藏情緒，令人人以為開朗活潑就是他們的本性。事實上那只是障眼法，他們的內心自有定見，觀察力也很好，他們會選擇真正適合自己的老闆之後，才會決定全力襄助。

B型天蠍座的屬下——百折不撓

艱難的任務交給他們，他們一定會拼了老命完成，不管過程如何艱辛充滿挫折，B型天蠍座是越挫越勇的。

憑著努力及賞識，他們很快能做到中堅幹部，而且管理他們的部屬一樣有模有樣，令你不至於擔心。但是他們和你的親密只屬於事業上，他們絕少會在老闆面前表現真正的自我。

B型V・S風象星座

B型水瓶座的屬下——來去自由

他們工作盡力，但是時間不長，一旦環境令他們不滿意，就會毫不猶豫地離開。

同事們都喜歡他們的和善及自動，你也一樣。可是他們的不受拘束也令你頭痛。不過以他們的個性，比較不喜歡選擇在朝九晚五的行業裏，這一點你可以放心。

B型雙子座的屬下——活潑開朗

在團體遊戲及康樂活動的時候，B型雙子座是最投入的員工，也是最佳的帶動唱主持人。

他們並非逸樂取向，而是個性活潑、人緣好使然，你可以妥善利用他們這些特質。如果你也覺得辦公室實在是悶了一點。

B型天秤座的屬下——心不在焉

不知怎麼搞的，他們看起來一點也不叛逆，怎麼老是沒有好好完成老闆所交負的使命呢？

他們是有點注意力不集中，而且有點散漫，需要有人盯著才能上軌道，但並不是無能。B型天秤座的思維是十分理性清晰的，只可惜行動往往無法配合。

3. O血型十二星座的屬下

O型的屬下一般說來，工作都十分認真及努力，個性也比較好強好勝，所以有工作狂的傾向。

有這種屬下當然是老闆的福音，不過可別忽略了他們雄厚的企圖心。在羽翼長成之後，他們多有向外發展的雄心，甚至會自立門戶作老闆。

究竟O型十二星座的屬下，是否都有上述所說的共同特性？我們現在來看看——

O型V．S土象星座

O型摩羯座的屬下——一板一眼

老實敦厚，做事一板一眼是他們的特色，你很少會聽到他們的抱怨。

O型摩羯座的人大多選擇朝九晚五，安定性高的工作。你大可放心的是，他們真的很穩定，幾乎不太容易跳槽。

O型金牛座的屬下——沈穩可靠

別讓他們冒險犯難，那簡直就是要他們的命！O型金牛座的人適合擔任安定沈穩的工作，他們的信用良好，十分可靠。

因為他們絕不衝動行事，所以即使成就平平，也不會鑄成大錯。他們是聽話的好部屬及員工，任何不滿都會放在心中，絕不會說出來。

O型處女座的屬下——自我鞭策

你的壓力會來自他們的一絲不苟及勤奮幹練，否則，作老闆的人很快會被O型處女座的屬下迎頭趕上。

他們很少花時間在人情交際上，與同事大多泛泛之交。主力焦點都在工作，工作的成就不一定是只有老闆的讚賞，他們喜歡不斷鞭策自己，向各種困難挑戰。

O型V．S火象星座

O型射手座的屬下——堅持主張

作為你的屬下，他們很能配合工作認真的要求，或許還會認真得一發不可收拾。

但他們也是相當有主見的人，不會盲從或漫應，拒絕成為聽話的應聲蟲。一旦他們與你的理念不和，極可能因為要保衛自己的主張，而不惜掛冠求去。

O型牡羊座的屬下——自有定見

你在O型牡羊座中，找不到聽話的順民，他們比O型射手座還要有主見，只是態度上比較緩和，而且還不至於因為理念的衝突而離職。牡羊座的人，穩定性還算高。

可是他們由於太過積極自信，所以行事不會拖泥帶水，說做就做。只可惜不是每件事都有幸運之神眷顧的，難免有衝動誤事的時候。

O型獅子座的屬下——渴望肯定

別忘了給埋頭苦幹的O型獅子座屬下，一丁點衷心的感謝及恭維，他們也許會忘記加薪這回事，仍舊神采飛揚地為你賣命。

他們聰明過人，好勝心強，所以求好心切之餘，難免破壞團體應有的和諧。記住你的和事佬角色，別在眾人面前太偏袒O型獅子座，你的關愛可在私底下進行。

O型V．S水象星座

O型雙魚座的屬下——游移不定

他不但會賣力工作，但情緒及夢想常令他們懷疑自己的人生目標是否正確，現階段的工作是否適合？

沒有一個老闆可以給他們答案，除非你也是雙魚座，那麼你多少可以理解他們的游移不定，並且耐心地開導他們。只可惜，O型雙魚座的無爭個性雖不至於當不成老闆，但是為數並不是那麼地多。

O型巨蟹座的屬下——為自己活

這也是一種為工作全力以赴的屬下，只是他們會在為組織奉獻的熱忱（不會太久）消褪後，開始另作打算。

他們執著於工作的態度仍然不變，只是動機變了。他們的自我意識時常燃起，提醒他們工作的目的主要在於為自己謀福利。

O型天蠍座的屬下——展現實力

他們會常常在你面前展現所謂的工作能力，更會掌握每一個博取你好感的機會。

你不是過分注意他們，O型天蠍座的表現實在太醒目了，想不多看兩眼也不行。但在你要重用他們之前，請再仔細考核一下，他們的工作能力，是否真的表裏如一。

O型V・S風象星座

O型水瓶座的屬下——方法論者

O型水瓶座的屬下做事都有一套方法，再加上理智、穩重的個性，使他們的表現十分傑出。

可是他們不喜歡自己的做事方式被人強行改變或規定，即使是老闆的命令也不行。這會使他們深感困擾，並且挫折感倍增。

O型雙子座的屬下——滾滾紅塵

你大概不會和他們相處太久，他們對這份工作的耐性一旦消失，就會跟你莎喲娜啦了！

O型雙子座的屬下換工作經驗十分豐富，而且一點也不以為意。他們並非玩世不恭，而是性好冒險，除非是變化多端的工作，否則是很難留住他們的。

O型天秤座的屬下——欲振乏力

他們不惹麻煩，鮮少介入派系鬥爭，品行還算不錯，只要工作態度更積極一點，你對他們尚可稱滿意了。

只是他們也知道，如果能振作起來，成就不僅於此。問題就是，誰來踢這一腳，讓他們變得積極一點？是身為老闆的你嗎？

4. AB型十二星座的屬下

當AB血型的人成為你的屬下，他們多半會將本性收斂起來，表現出溫良恭順、能力卓越的一面。

所以，你就更需要進一步了，他們隱藏的那一面究竟是什麼呢？

就讓AB血型及十二星座的組合，為你揭開謎底——

AB型V・S土象星座

AB型摩羯座的屬下——不願居功

由於意志堅強，他們有信心能度過難關及考驗，而且因為行事穩重，所以絕不會輕舉妄動。

他們在逆境中，較一般人的韌性來得強，並能運用智慧，化險為夷、扭轉乾坤。但他們絕不向你邀功，反而讓作老闆的人有時會忽略他們的才能及貢獻。

AB型金牛座的屬下——逆來順受

他們絕不願吃閒飯；像條牛一樣不眠不休地勞動，才符合他們的工作精神。

因為他們的這種特性，使得他們能承受工作壓力及種種的不順遂，而且不太有怨言。他們未必能任職於企業的中、高階層，但卻是穩定企業基礎的小螺絲釘。

AB型處女座的屬下——妥善規畫

不需要你交待，他們凡事都會做好規畫，然後按部就班地去實現。

他們的執行力的確一流，但是變通能力就差多了。每當有緊急狀況發生，他們的表現便會失常——因為來不及做計畫。

AB型V．S火象星座

AB型射手座的屬下——求新求變

正好和AB型處女座完全相反，AB型射手座的屬下痛恨任何的計畫，他們喜歡刺激，求新求變，語不驚人死不休，做事也一樣。

他們當然沒興趣坐在辦公室，最好是四處遊走，隨時接受挑戰。除非為了五斗米折腰，不然要他們枯坐在那裏做著周而復始的工作，想都別想！

AB型牡羊座的屬下——情緒導向

他們的工作表現及企圖心令老闆深慶得人，但是情緒化的表現往往在醞釀離職之前爆發。

你不知道他們為什麼來？又為什麼走？而且往往是在一切上軌道之後。最好平時還是多注意他們一點，適時的關心可以稍微化解他們受情緒影響而產生的工作倦怠。

AB型獅子座的屬下——收放自如

在你的面前，他們幾乎永遠表現傑出，情緒正常，而且強烈的榮譽感令他們不容許自己有任何不當或有損形象的演出。

AB型獅子座的屬下，能將情緒控制得很好，即使是心中沮喪非常，也能迅速平復。至少在老闆面前，他們是理性平和的工作人才。

AB型V・S水象星座

AB型雙魚座的屬下——與世無爭

在你的眼中，AB型雙魚座的屬下似乎很安分，甚至有點認命，不會有太突出的表現，也不會提出非份的要求。

不過，他們是非常樂於幫助別人的，很願意支援、配合同事，即使可能因此成就了他人，也只會自認倒楣。像這樣的屬下，是很好的後援人手，他們的細心及敏感能把許多繁瑣的例行公事，處理得有條不紊。

AB型巨蟹座的屬下——進退得宜

在團體中，他們善於與人相處，也懂得推銷自己，既會讓老闆注意到他們的表現，也不會遭人嫉妒。

他們這種經營自己的模式堪稱安全妥貼，而且也會漸次獲得老闆的信任及器重。

AB型天蠍座的屬下——善於觀察

善於觀察是AB型天蠍座成功的條件之一，在事業上，他們習於摒棄個人情緒，而能全盤看清情勢為何，究竟對自己有沒有利益。

他們會花相當多的時間去揣摩老闆的心意，然後做出最適當的反應。這往往使他們在不知不覺中擊敗競爭對手，逐步邁向領導階層核心。

AB型V・S風象星座

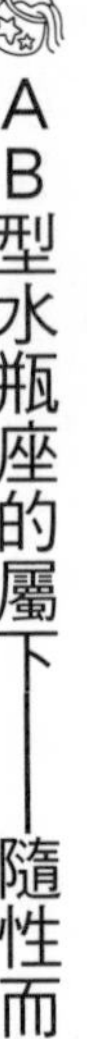

AB型水瓶座的屬下——隨性而行

只要是自己喜歡的事業，ＡＢ型水瓶座的人工作情緒就會十分高昂。萬一事與願違，他們會收斂好不容易燃起的熱情，以應付的態度了事。

他們在應付工作時，還是很認真的，不會隨便敷衍了事。只是你會發現，他們一向傲人的創作力突然變得沈寂多了。

ＡＢ型雙子座的屬下——善變至尊

聽過變色龍嗎？他們就是。如果你也是個善於改變主意的老闆，他們一定跟得上。可是在需要耐性完成事務時，善變反而成為致命的缺點，無法將事情圓滿完成。還是派他們去作公關或商業間諜吧！ＡＢ型雙子座絕對游刃有餘。

ＡＢ型天秤座的屬下——追求和平

因為他們追求和平，討厭衝突，寧可讓步也無所謂，所以反倒有點像是冗員。

你不妨多觀察他們，看看是明哲保身還是真的消極散漫。如果是前者，你應該替他們找個魯仲連的位子，讓他們貢獻所長。

卷

四

青雲直上並不難

～～事業登龍術

利用面相、手相、血型V．S星座的知識，你可以察知自己的性向、工作性格及態度、財運、事業運程，為自己的職場生涯加油打氣，讓自己走向青雲直上的成功路。

從面相登龍術中，你可以知道自己對事業的運氣如何、財運的發達程度，徹底了解自己的本錢何在。

在手相登龍術中，你可以了解自己的性向、工作能力、財運及事業發展方向，好著手經營自己，開拓通往成功的道路。

在血型V．S星座登龍術中，分別介紹四大血型、十二星座的工作性格及適合職業，讓你在謀職及轉職的過程中，能找到最適合自己的事業生涯，從此一帆風順，邁向成功！

綜合以上所說，我們要告訴你，事業是可以登龍有術的。所謂天助自助，經由對自己的深刻了解，知道何為上天賦予的過人之處，何為天生不如人的缺失，截長補短，互相為用，掌握時機，踏實努力地走好每一步。

從此，你將會發現，青雲直上並不是小說及電影中的神話、勵志書中的傳奇，而是真實地發生在自己身上！

L.M

1.從頭開始懂自己
——面相登龍術

談別人談多了，何妨拿鏡子照照自己，看看自己是什麼模樣？未來事業、財運發展如何？是真的蓄勢待發還是根本走錯了路？

☺額頭與鼻相左右事業運

看相的常說一個人相貌堂堂，所以少年有成，事業蒸蒸日上，這「堂堂」之相必定有個豐隆的額頭及日月角（額頭兩端），還有高聳長直的鼻樑，厚而多肉的鼻子，若是眉宇之間有軒昂之氣，再加上雙目炯炯有神，那絕對是人中龍鳳。作官的必是官運亨通；作生意的必是財雄勢大；讀書說不定金榜題名高中狀元，無論各方面都是領導型的大人物。

如果你真的具備這樣的面相，那麼下面的內容不必多看，儘管去呼風喚雨吧！相信難度一定很低，成功機率非常之大。

言歸正傳，真正具有此相的人非但不多，簡直可說是鳳毛鱗角，否則那些政府要員、富商巨賈，全都長得一模一樣了，不是嗎?看相是截長補短居多，若不具此相者，多加努力，亦可有出頭天，只是機運多寡及成就大小而已。

額頭豐隆，中央部位飽滿，是具有公職人員或晉升領導階層的機會，因為那代表你的事業運氣還算平順，也多有貴人相扶持，如果鼻相生得高挺而多肉，表示因事業所帶來的財運不少。

萬一額頭不算豐隆，中央部位亦不飽滿，那麼就比較辛苦，也最好少從事投機性及講求運氣的事業。如果鼻相生得好，那麼只要努力就會財源滾滾，許多中小企業白手起家的小商人，多有這方面的特徵。

可是如果鼻相不好，未能補額頭之缺點，那就最好腳踏實地作個上班族，也少涉及投機性的投資來賺取外快，以免因偏財運不佳，賠了夫人又折兵。

特別叮嚀你，如果你發現自己的額頭凹陷如窪地，那勸你在謀事之時，多留意安定及收入可靠的工作。若是鼻相良好，那麼拿死薪水照樣不愁吃穿，而且晚年小有積蓄，要是下巴飽滿，便是晚景福泰。反之，鼻相不佳，最好先有事業及財運多所阻滯的心理準備，凡事看開但要穩紮穩打，即使早年崎嶇，只要不妄動妄為，尤其本錢不夠最忌自立門戶，還是吃人頭路得好！多方配合也還是可以經營出平穩的局面。

☺離鄉背井或是安守家中的參考

額頭兩側近髮際之處，表示一個人出外發展的運氣。也就是說，是離鄉背景作過江龍呢？還是根留老家以不變應萬變？

這個位置要是高隆，那麼應有五湖四海達三江的機運，若再配合良好的額頭及鼻相，即使只有一招半式闖江湖，就算離家多遠都能發展。

此部位若是較平坦，表示外出發展的運氣平平，那麼不宜離鄉背井太遠，也不要在外多所冒險犯難，一步一步地來比較妥當，以免人地生疏產生進退維谷的狀況。

若是此部位呈低陷狀態，還是安坐在家鄉之中求發展較妥當，如遇調職或遷居，仍應多方考慮之後再行決定。

世界上的事就是如此奇妙，有人在自己的出生地或家鄉之內，始終鬱鬱不得志，一旦向外發展卻大有可為，闖出一番局面。有人正好相反，在自己的地盤上做得有聲有色，但到別人的勢力範圍就頻頻損龜，非常不順利。

不過，關於這個部位的看法也只是提供一個參考，也許你的紫微斗數命宮或對宮遷移宮有天馬星，一旦動起來難免東奔西走，想不離家也難！

☺印堂氣色是事業運的紅綠燈

印堂的氣色，代表你現在的整體氣勢，尤其與事業發展息息相關！

電視古裝劇裡，常有相士說「印堂發黑」，表示有大難臨頭，最好是趕緊破財消災，以趨吉避凶。你若真有這種情況，雖不至於必有橫禍，還是一切小心的好，事業上最好別妄動，而且也不要冒太大的風險為宜，凡是投機性投資、外出、轉業、離職，最好暫停，等氣色較好再說。

印堂泛青色也不是好現象，可能是身體微恙的徵兆，還是小心為妙！

印堂的氣色常以泛紅為佳，所謂紅光滿面即是這個道理，當然不必紅似關公，只要微微泛紅，便是鴻運即將當頭，好事就要來了。

若是黃色的氣色出現在印堂，表示一切正常，無憂亦無喜，該怎麼做就麼做，不必遲疑。

印堂以飽滿無痕平滑為佳。常皺眉頭的人請注意了，要是因此在印堂留下一條或更多皺紋，你的人生旅途就多一份曲折，遇事也較為不順。所以要皺眉頭之前，請三思而後行。

☺其他面相部位對事業的影響

面相上的其他部位，如眉、眼、唇、耳，也都可以列為事業運程及走向的參考。

眉秀而長，濃淡適中，恰如一彎新月的人，比較適合朝學術、文教、藝術等方向發展，這是文人長相的眉。

眉毛粗濃而長，看起來則不怒而威，男性女性多以投身軍、警職，會有較好的發展。若是眉細而淡，企圖心也不夠，安定而無衝擊的行業最適合，自行創業必須有賴其他部位配合及過人的意志力才行。

眉如八字，如正八字眉或反八字眉，多是技術專才，不少醫界人士有此眉型。不過這種眉型須配合眼睛來看，若是眼神混濁或懨懨無神，那還是成就有限，最好能學習一兩樣專業技術在身，以使自己衣食無憂。

眉眼之間也是一個不可或缺的觀察地帶。你若是眉眼相隔過窄，而且凹陷，表示你比較個人主義，缺乏與人接觸及溝通的機緣，適合從事內勤及少與人接觸的工作。眉眼距離寬又多肉豐隆者，毫無疑問多是檯面上的人物，人緣佳、人氣旺，不是公關高手，就是活躍於幕前的影歌星、新聞記者等等。總之從事活潑、出鋒頭的行業，準錯不了。

三白眼的人多是較以自我為中心，且不吝接受挑戰的，冒險犯難的事業適合你，坐辦公桌庸庸碌碌地生活或苦等升遷，是會讓你窒息的。不過最好是朝專業技術上努力。惟要特別記住，要多加強與人溝通的能力，以免被當作自私自利及唯利是圖的野心家。

眼睛較小或較細長的人，從事文教工作會比經商來得有成就。眼睛越大，膽子越大，那種刀山火海都要闖一闖的勇氣，不太適合朝九晚五的規律工作，越是險惡多變化的工作，越要一試！君不見許多知名的演藝人員，都有一雙會說話的大眼睛嗎？尤其是許多自詡全方位的藝人，不論學藝精不精，演戲、唱歌、創作一把抓，大都是大眼族的成員。

你若是大眼睛，早已注定在事業上不甘寂寞，若也是大嘴族成員，或許可以考慮去競選民意代表，只要有心，一定會成功！

大嘴巴的人慣於衝鋒陷陣，旺盛的企圖心使大嘴族能高居領導地位，無論是寄人籬下或是自創品牌，都可以有所作為。若是嘴角起稜（表示口才好），那麼光是靠嘴巴就不愁吃穿了。下次你如果遇見超級推銷員或候選人時，別忘了看看。當然你也可以瞧瞧自己有沒有這個本錢。

嘴巴小的人多是以食人俸祿或經營小本生意為主，宜從事用腦、用心但不須用膽量的工作。小嘴族多半心性纖巧，小心謹慎不易犯錯，也不會有什麼驚人的大作為。

不過，這還是可以配合眼睛來看，大眼及櫻桃小嘴，多是美人相，也表示在事業上是屬於不甘寂寞卻在安定中求發展的，也許不易一步登天，但慢慢循序漸進，照樣有黑馬之姿。

耳朵和財運有一點關係。耳朵大而長，耳肉豐厚，是最有富貴氣的耳相，財運亨通，若是耳垂多肉，表示是懂得物質享受的品味人士。

耳朵小而薄，經商易虧損，偏財運不佳，你若有良好鼻相，則不必太擔心，若是耳相、鼻相均差，最好不要有非份之想，找份安穩的工作，量入為出，一樣可彌補漏財的情況，但切記少與別人有錢財糾葛，更不宜從事賭博及任何投機事業。

☺事業運程觀察應多方配合

面相登龍術，不是挑剔你的長相不夠發達，而是指陳你先天有何優缺，再以後天的有效努力來配合，雖然不是一「蹴」即發，但幾經曲折仍能走上事業的青雲路。

然而在事業上開創坦途，不只是具有面相知識而已，還須多方面，如手相、血型及星座的配合才行。

2. 著手經營事業線
——手相登龍術

伸出手來看看，你的事業線是長是短？你的掌形長的怎麼樣？藉著手相，你會知道自己適合從事什麼樣的工作，工作的運勢又將如何？

☺事業線標示事業運

我們先從掌紋中的事業線開始，看看你的事業運程究竟怎麼樣——

事業線以清晰、深長貫串智慧線為佳，表示你是一個有責任心的人，能持之以恆完成你的工作，而且十分穩定，不會輕易離開，是屬於在地發展，步步高升的運勢（圖一）。此型的事業線越長，你就越像工作狂，非要將全副精力投入工作才會罷休！

事業線分叉，一條較清晰、一條較模糊，那就顯示出你不只是作一份工作，而會有另外的發展或副業。譬如在上班之餘兼任保險、直銷等工作，同時有兩、三份收入進賬。

如果你的事業線不是分叉，而是斷了再接起來，就表示你可能在中年時候轉業去了。擁有這樣掌紋的人大多是為人作嫁一段日子然後自立門戶，或是基於興趣而放棄原來的工作，投身其他的領域，還有就是因離鄉背井引起的事業變動等。

若是你換工作比換衣服還勤快，最好看看你的事業線是不是由多條細紋組成，所以三百六十行你最起碼作過一半以上。勸你最好想清楚自己人生方向為何，以免一輩子都在各種工作中游離，終究一事無成。

事業線自手掌末端為起點，若在起點處線紋模糊凌亂，往上延伸才逐漸平直清楚，那你必是大器晚成的典型(圖二)。現在一時的失敗及挫折都算不了什麼，只要持之以恆地努力，將來必定能夠有一番成績，但切忌到處換工作，以免無法專心致志做好事業的規劃及發展。

也許你很驚訝地發現，自己並沒有事業線！沒關係，這並不表示你一事無成或終身打混吃閒飯。據說，四大天王中的劉德華攤開雙手也是找不到一條事業線。不知看到這裡，你有沒有覺得飄飄然呢？

☺智慧線提供事業途徑

我們從其他的手相上，亦可推算出更多關於事業的運程及發展。若是沒有事業線的人，可據此了解自己的事業運；有事業線的人，則將其作為參考。

將焦點投向智慧線，如果你的智慧線下垂，或許你有機會成為第二個劉德華或葉蒨文。這條掌紋適合走演藝界，朝九晚五的平凡生涯絕對不適合你，而且你一定也是個夢想大於現實的人。

智慧線不但下垂，而且一直延伸掌底部，同樣也是個想多於做的典型，適合從事藝術文化，需要創作及思考方面的工作，才能滿足。

智慧線不下垂，但向下彎曲，你最好從事需要專門性技術的行業，如建築、工程等等。

若是智慧線既不往上也不往下，而是一直橫向發展，那就表示你比一般人的數字觀念好，而且擅長精打細算，適合作生意或從事金融方面的工作（圖三）。

☺掌丘看出事業未來走向

從掌丘，我們可以了解你的性向及能力，更有助於你決定事業的走向，或是看看自己是否埋沒了既有的能力而未能發揮。

如果金星丘豐隆，表示你對美的事物極具敏感性，並有良好的鑑賞力。木星丘發達，做人、做事都不甘於落人之後，是極有領導慾的族群。

土星丘隆起，表示個性較內向及自我，而且有鑽研學術及知識的興趣。太陽丘高隆則表示擁有藝術及創作才華，適合朝這些方向努力。

水星丘豐隆表示財運亨通，做生意、投資都很適合。火星丘PARTI發達顯示你膽識過人，戰鬥意志強烈，太平靜的生活是不適合你的。火星丘PARTⅡ發達的人則表現出驚人的勇氣及耐力，越是事業上的逆境越打不倒你。

月丘高隆的人愛沈思冥想，投身文學或宗教等領域必能發揮才華。火星平原隆起表示事業運及活力都頗旺盛，只要堅持理想，努力不輟，一定會達到目標。

☺什麼人長什麼手——從掌型看事業

再來看看掌型。什麼人長什麼手，從掌型看事業性向也很有參考價值，而且準確性很高。

手掌大，肌質粗糙，手指短，掌心厚，這類的掌型多為勞動階層，比較能勝任粗重的工作及任務（圖四）。

相反地，若是手掌不大，肌質纖細柔軟，手指尖，便是勞心思考的型，也喜歡從事需要幻想及創作的工作。

同樣是喜歡思考，手掌略長，手指各節突出的掌型則要理性冷靜地多，這多是學者、老師及評論家所具有的手，擅於分析及思考，也不屑為五斗米折腰而汲汲於利益錢財的追尋。

談到賺錢，手掌呈方型及手指粗細一致如筒狀的手，便是此道中人。若你有此掌型，想法必定實際，為人也是精明強悍，注定是要為錢、為權拼老命的。

手掌大，手指粗短呈錐狀，肌質細緻，代表你是個內外兼修的人，有藝術才能卻也不甘寂寞，興趣廣泛又喜四處交遊，是個活躍的人物。若是手指形狀不一，表示你喜好交際勝過一切，不作魯仲連實在可惜。

要是你的手掌不但大，而且手指長得像勺子一樣（圖五），你的志願不是當哥倫布就是愛因斯坦，總之冒險犯難及破紀錄的事你最愛，循規蹈矩過日子簡直會要了你的命。

☺財運亨通與否有跡可循

介紹幾種簡單看財運的手相法則，看看你到底是白手起家？或是祖上庇蔭？還是天生就是漏財命？別忘了配合面相來看，這可跟你的事業前途有密不可分的關係！

將手掌攤開，若有許多紅色小斑點分布掌肉，即是所謂的硃砂掌。相學稱此掌多為財運源源不斷，若是手掌豐厚多肉，還具有富翁的潛能。保守的說法是，一輩子絕對不愁吃穿。

五指併攏後，若發現食指、中指、無名指之間毫無間隙，那你可算是滴財不漏的小氣財神了。要是指縫隙越大，那就是漏財漏得兇，未必是沒有財運，只是能賺也能花罷了。有這種掌相的人最好建立開源節流的觀念，以免財來財去，收入及支出只是稍微 BALANCE 一下，就是一輩子有財星眷顧也惘然。

在無名指下方有著許多井字狀交疊的掌紋，是屬於隻手就能賺進大筆鈔票的掌相，無論從事何種事業，都能進財致富（圖六）。

有人是八字生得好，能繼承祖業或獲得大筆遺產，反映在掌相上則是有一條稱之為上升線的掌紋，貫串生命線及智慧線，並略與事業線平行。

人無橫財不富，但未必人人有此機會，如果有偏財運則不無小補。在無名指與小拇指之間若分布數條既深且長的直線（俗稱財運線），代表財運頗佳，即使沒有做大事業的本事也可從事小額投資，或是沒事去參加抽獎，買個彩券什麼的，說不定都能賺得一筆小財富呢！

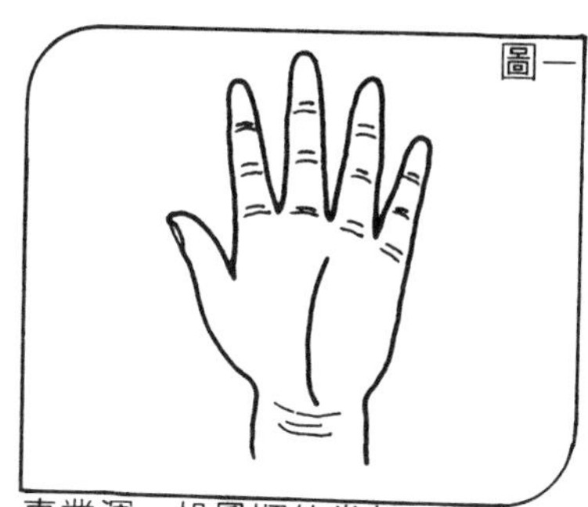

事業運一帆風順的掌相

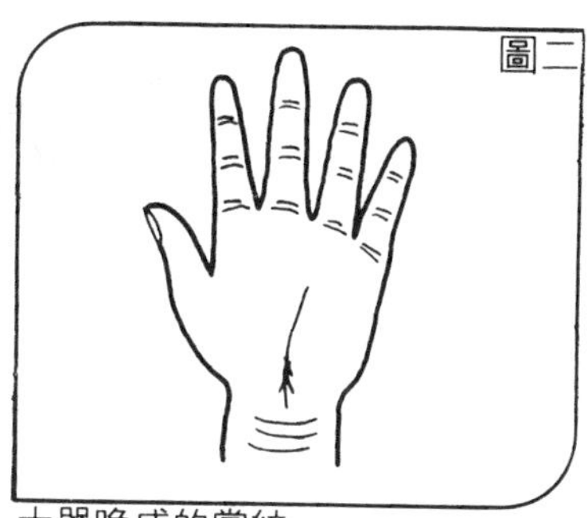

大器晚成的掌紋

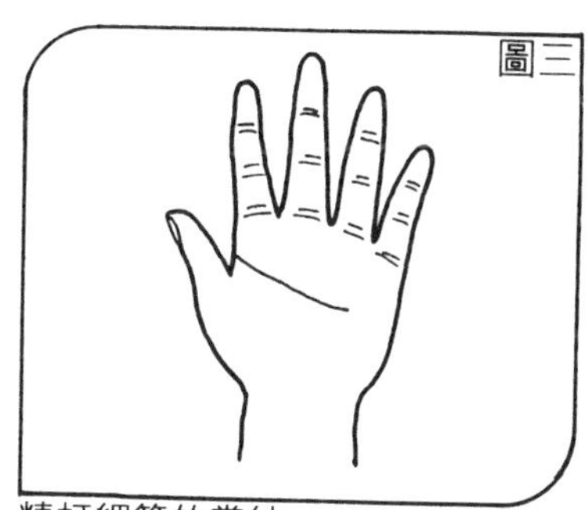

精打細算的掌紋

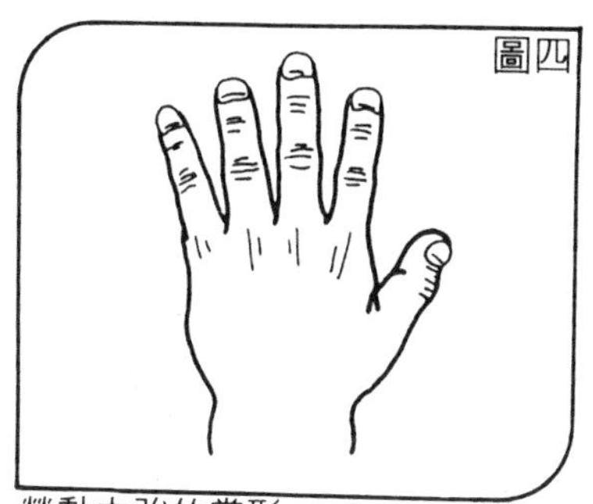

勞動力強的掌形

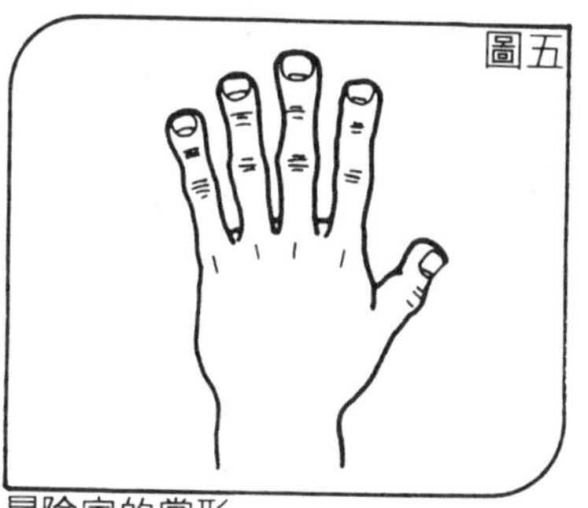

冒險家的掌形

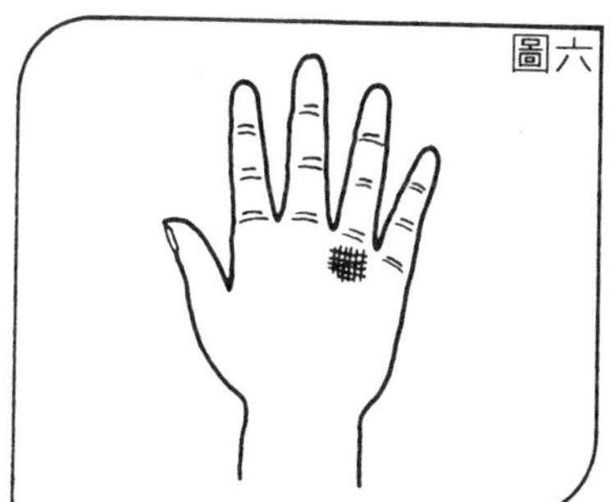

招財進寶的手相

3. 星光閃耀青雲路
——血型V·S星座登龍術

面相及手相或許告訴了你不少關於前途的訊息，但血型及星座還能更進一步地為你分析適合何種行業？理財觀又是如何？正好掂掂自己的斤兩，看看自己發展事業的潛能究竟為何——

★土象星座V·S四大血型

摩羯座

勤奮努力的摩羯座是工作場所中辛勤的園丁，冷靜思維及積極的行動力，表示你的成就來自於一分耕耘一分收穫。

適合職業——公務員、工程師、建築師、醫師、律師、畫家、工藝設計家、政治家、古董商、造園設計等。

A型：工作態度一板一眼，嚮往安定規律的工作，理財觀亦如此。

B型：積極進取，最擅交際。平日一毛不拔，交際時卻異常大方。

O型：實事求是，做事有目標及計劃，連存錢也一樣，設定目標，按部就班完成。

AB型：事業在安定中求發展，混亂中求安定。偶爾也有投資狂想，希望財自天降。

金牛座

別人招財進寶如此容易，你可就得流淚播種才能辛勤收穫。投機不適合你，妄動躁進冒險轉業更不適合你。你若能將一己之所長與興趣結合，終其一生不斷地努力，絕對能有非凡成就。

適合職業——教師、公務員、學者、珠寶鑑定師、服務業從業人員、服裝設計師、作家等。

A型：努力工作之餘，別忘結交貴人創造機運，儲蓄、購買房地產是最佳致富之道。

B型：工作不妨多加把勁，善用想像力，便能闖出一片天，但切忌無恆產在身。

C型：嚮往穩定風險低的人生，工作如此，求財亦若是，固定待在某行業裡發展最有利。

AB型：個性活躍、工作踏實，深受上司及同僚喜愛。可惜需要加強定力，換工作太勤並非好事。

處女座

在完美主義工作態度驅使之下，何時你才會好好地鬆口氣呢？處女座的人很容易獨當一面，總攬大局，卻也常因此而過度勞累，導致力不從心。幸好，你對賺錢計畫及儲蓄很有一套，即使退休也不必發愁，但也不會一日之間變成巨富──你沒有那種以小搏大的投機細胞！

適合職業──記者、廣告創意人員、教師、評論家、學者、會計師、考古學家、作家。

A型：工作上努力求好，難免有些神經質。善用清晰的分析思辨能力，可在學術界出人頭地。

B型：不喜與人論辯或衝突，走創作、思考之路或埋首研究，能創造出一片天。

O型：一絲不苟的工作態度，積極求表現，使你活躍在傳播界者居多，而且喜歡賺外快，更會把握機會以多多進帳。

AB型：工作零失誤，適合企劃性及技術性的工作，不適從事開疆闢土的事業。

火象星座V·S四大血型

牡羊座

工作雖然勤奮努力，但是不甘落人後的攻擊能力及領導慾也是你最突出的地方。你會在事業的領域力求發展，作個有個性的屬下或上司主管。

適合職業——導演、警察、運動員、作家、藝術家、詩人、機械工程師。

A型：埋頭苦幹固然好，也應注意大環境，以免「變天」了都不知道。

B型：既有創業之心，就要學習節儉，切勿花錢如流水。善用人緣及交際手腕，多有貴人相助。

O型：時刻希望成為領導慾者，有此雄心還須能力配合，並要注意團體間的和諧才是。

AB型：作風明快，但過於情緒化會影響判斷。還有喜歡購物以抒解壓力的習性，常使你荷包空空。

獅子座

很少看見獅子座慌慌張張的，你總是對每件事都那麼有定見，更會做好完善的事業規畫，不達目的絕不甘休。

獅子座的權力慾是十二星座數一數二的，自立門戶的人比比皆是，也多能貫徹始終。就算是「呷人頭路」，也多能躍升主管級。事業的成就是獅子座人生最終的願望。

適合職業——軍人、導演、服飾設計師、室內設計師、小說家、生意人、演員、歌星、運動員。

A型：不願屈居人下，喜歡自立門戶，然而由於花錢不知節制，使你容易為此頭痛。

B型：善用人緣及想像力，在創作的領域必有嶄獲。不過要養成儲蓄習慣，以免入不敷出。

O型：為了事業會拼到底，不成功便成仁。旺盛的戰鬥力令人敬畏卻也容易樹敵。

AB型：懂得在職場上知所進退，所以官運亨通，只是耐力及持久力不夠，很容易因此放棄成就。

射手座

射手座的人在意效率及速度，在事業上衝勁十足，但也容易盲從躁進，往往只進不退，強渡關山，但是變換興趣及工作的速度也快，甚少向下紮根或拖泥帶水，十分隨性而行的事業觀。

適合職業——律師、演員、歌星、作曲家、廣告創意人員、宗教家、個人工作者。

A型：創造力豐富，可惜缺乏持續的精神，所以後繼乏力。

B型：四處雲遊的工作人生固然逍遙，但是漫無節制的花費卻是隱憂。

O型：積極進取的工作觀將使你出人頭地，可是卻常因理念不合而掛冠求去。或許，自立門戶對你更為恰當。

AB型：適合刺激及富冒險性的工作，太安定的生活只會使你頹喪及厭煩。

水象星座V·S四大血型

雙魚座

事業心不強，賺錢是為了享受！雙魚座的人有藝術才華卻不怎麼積極，但是又喜歡出風頭及受人注意和喜愛。你在正業方面表現如何，端賴興趣，但是卻喜歡從事副業，以換取更多自我空間。

適合職業——舞蹈家、畫家、服裝設計師、作曲家、演員、歌星、廣告創意人員、室內設計師、算命仙、美容師、褓姆。

A型：才情洋溢，感受力十足，從事美的行業最為適合。

B型：最害怕緊張繁忙的工作壓力，自由自在的工作最適合你，不過最好改掉有多少花多少的習性。

O型：可以在需要愛心、耐性及想像力的行業中發展，會使你對工作興致勃勃而毫無壓力。

AB型：一點事業心也沒有，閒散度日最好不過了。可是因為重視享受，還是會勉力賺錢。

巨蟹座

天生的敏銳及好記性，使巨蟹座遠離機械式的工作，而在文、史、藝術等領域謀求發展。由於不喜歡與人爭鬥，所以往往會另外闖出屬於自己的王國。理財的手腕不多，不外乎存錢，而且喜歡花錢營造精緻的生活。又不願為錢汲汲營營，所以鮮少成為大富。

適合職業——護士、教師、學者、餐廳老闆、服裝設計師、烹飪家、廣告創意人員。

A型：需要付出愛與關懷的行業，會使你悲天憫人的志願得以實現。

B型：不喜歡強出頭，你適合從事幕後的策畫，是很好的左右手。

O型：適合在自己的理想國度耕耘，能兼顧理想及現實。作老闆比作下屬更令你開心。

AB型：不浪費的美德使你有別於其他的巨蟹座，使你可以提早脫離公司組織而自行獨立。這也是你肯屈就為人作嫁的原因。

天蠍座

天蠍座的人大多獨當一面，很少人會在中年以後仍屈居人下。一方面是權力慾使然，一方面是永不服輸的精神向前推動。他們在投資理財的方面很有一套，喜歡以小搏大，樂見財源滾滾而來。

適合職業——金融業、心理學家、醫生、新聞記者、音樂家、歌星、演員、攝影師。

A型：以辛勤工作代替自我吹捧，你的表現常令上司刮目相看。不過卻因要求嚴厲而與屬下有所距離。

B型：娛樂圈及傳播界最適合愛出鋒頭又不怕挫折的你，假以時日你一定大放異采。

O型：力求表現有助於你傲視同儕，不擇手段的向上爬固然令你容易成功，但也容易失敗。

AB型：能為工作不眠不休，是標準的工作狂。喜歡從事冒險性的投資，以掙得更多的財富。

風象星座V．S四大血型

水瓶座

聰明的水瓶座懂得利用自己的才能及創造力，建構一個光明燦爛的事業前途。絕對的冷靜及理性使他們遭遇困難時能力挽狂瀾，突破環境的困局。保守穩定的理財方式顯示他們後半生絕對衣食無缺。

適合職業——廣告從業人員、畫家、節目製作人、作家、導演、編劇、天文學家、科學家、飛行員。

A型：細膩的思維及保守的心態，顯示你適合靜態但極富創造力的工作。

B型：好動使你不適應朝九晚五的工作，讓心靈四處去遊歷冒險，反而能讓你開創坦途。

O型：為了理想，不會屈就於現實，也不會為理想而忽略現實。思想的平衡雖使創造力減退，但卻容易使你在眾多領域獨領風騷。

AB型：沒有地方關得住你，自己管自己是最好的方式，就讓豐富的創作力為你開創事業前程吧！

雙子座

靠嘴巴吃飯是雙子座的一大特性，很多的名嘴都是雙子座人。不過由於缺乏耐性及深究事理的能力，雙子座中人，少有腳踏實地苦幹的人。將自己盡力拱上檯面，成為知名的人物是名利雙收的好辦法。

適合職業——記者、編劇、脫口秀主持人、廣告文案、製片、造型設計、唱片宣傳、商品企畫、公關。

A型：一個不滿意，就會換工作。儘管在工作的領域表現頗佳，卻因變動過多而容易一事無成。

B型：適合作公關或需要交際的工作，送往迎來最符合你活潑好動的個性。

O型：你的才華和興趣一樣多又廣泛，但是卻善變得不知所以，是個令老闆又愛又恨，忠誠度很低的員工。你唯一不會背叛的人，是你自己。

AB型：對工作的積極令人羨慕，但卻往往輕言轉行。只有讓你有興趣的工作才留得住你，但時間都不會太長。

天秤座

事業對天秤座來說，如果不是興趣使然，就會流於勉強應付。可是一旦是為興趣而做，便會樂此不疲。天秤座通常容易隨波逐流，少積極改變現狀。可是人緣之好卻足以令人驚訝，不知不覺為自己創造了一些事業上的優勢。

適合職業——模特兒、作家、歌手、祕書、企業發言人、園藝家。

A型：如果再積極一點，你會有更好的表現。最好在努力存錢之餘，參與一些小額投資，會有不錯的財運。

B型：你有一種吸引人的表演天分，如果再有好演技及好歌喉，說不定很快成為明日之星。

O型：作個排難解紛的和事佬，你絕對沒問題。所以，在企業裏主管人事，其實頂適合你的。

AB型：善用理性分析事物，你是天秤座中最冷靜平和的，但也是最不適合自立門戶的族群。還是找棵「大樹」，乘涼遮蔭的好。

卷五 愛情有什麼道理

～～戀愛婚姻成功術

常有人感嘆愛情是非理性的，看看世間百態也的確如此——甲愛乙，乙偏愛丙，丙又屬意甲……，總之如黑澤明的經典名作——「亂」哪！

說實在的，每個人都會認為愛情真是沒什麼道理可言，真心誠意往往換得一個不好的下場。

其實，談戀愛絕非單口相聲，一廂動作就能博得滿堂采的情形。想要這雙簧圓滿落幕，就得先看清對手為何。

男人通常不懂女人心，女人苦於無法掌握男人，兩性之間常是烽煙四起，怨懟連連。

還是透過相學的觀點，去得知一些心理學叢書所沒辦法探究，卻是最真實人性弱點吧！

如此，將不會深陷其中而痛苦莫名，反而能因了解更多而制勝，或釋懷；並且善用智慧及判斷，看清自己所需，選擇適合的感情對象，讓有情人終成眷屬。

愛情這事是絕對有其道理的，但絕非憑感情用事就能處理得好的。婚姻更需審慎，不然分手事小，禍延下一代就更糟了。現代人多不認命，這是好現象，表示會繼續不斷努力下去，但卻因不知命而為情所困，走來走去都走不出愛情困局，實在是一大諷刺。

所以，我們現在就為男人和女人談一談愛情到底有些什麼道理，幫男人懂女人，助女人瞭解男人，讓兩性之間更和諧、更圓滿。準備好了沒有？戀愛婚姻成功術，就要開始了！

1. 男人女人都要看——戀愛婚姻的時機

當首份未婚女性多於男性的人口比率調查報告發布之間，台灣的社會掀起了一陣驚人的滔天大浪。

將近十年過去，未婚男女的比例逐漸接近，雖仍是女多於男，但是現代女性已能逐漸開始接受一生獨身，不婚生子，甚至是未婚同居等較先進前衛的觀念。女性如此開放，當然是社會進步的影響，更是男性「配合」的原因。說穿了，現代人大都不想被婚姻束縛，能盡量多爭取一天自由就多逃一天，深恐被「套牢」後就要抑鬱以終了。總覺得外面的世界多麼遼闊，何必只苦守著一株花或一枝草呢？

但是，不管現代男女多新潮，何時戀愛結婚仍是高居命相排行榜一、二名的熱門問題，本書既自詡為「自助算命不求人」，自然要以淺近的相學觀點，來告訴你戀愛及結婚時機為何了——

☺早婚是天注定還是頭發婚

雙眼眼尾至髮際的部位，職司感情及婚姻的運勢，無論男女都一樣。

此一部位雖不直接影響姻緣的早晚，但高而豐隆主婚姻運佳，故良緣結得早一點，不會拖得太晚（圖一）。

早婚不見得好或壞，遇見好對象結緣最重要，有人早婚卻是悲劇收場，有人經歷大悲大喜而有善終，有人一生沈浸幸福未嚐風霜，全憑於此。不過，除了前述部位的豐隆與否，仍有一些跡象是表示你究竟有沒有早婚的可能——至少在適婚年齡前完成終身大事。

現在我們來看婚姻線（圖二）。婚姻線離感情線越近，則在很年輕時（至少廿四歲以前）就會完成終身大事（至少是有性經驗）。通常婚姻線不只一條，以最清晰及特別長的表示結婚的時機。

若婚姻線居中，則會趕在適婚年齡前結婚，男性最晚不超過卅五歲，女性則在卅歲以前就會紅鸞星動。

如前述已知，左手掌相代表先天之命，右手為後天之運，若是左手掌相比右手掌相好，有早婚的可能，但是必須小心經營婚姻，以免難以通過考驗！若是一時發昏而有早婚的衝動，最好想清楚一點再說。

☺晚婚是天注定還是眼光太高

凡是超過適婚年齡才結婚的都叫做晚婚。但現在晚婚甚至不婚族越來越多，適婚年齡已提高至卅歲左右。

在面相上說，雙眼眼尾至髮際的部分凹陷，最好是晚婚為宜，因為早年的愛情、婚姻運不佳，所以早婚不宜。當然如果及早遇見情投意合的對象，不妨看看其他再下斷語。

一個眼睛大一個眼睛小的人，最好不要太早婚，因為這種人脾氣大又死心眼，還是得多經世事磨練再找對象比較好（圖三）。女子的鼻梁塌陷，主夫運不佳，早婚（尤其是媒妁之言、相親）不宜，還是得多靠自己的聰明才智判斷為佳。

至於手相，婚姻線最清晰最長的一條若十分靠近小拇指，晚婚的機率很高，最晚到四十多歲都有可能，也可說是結婚年齡的底線。

婚姻線的尾端分叉，表示婚姻波折多，可能面臨相當多重的考驗，尤其早婚比晚婚承受的壓力要大。婚姻線向上翹的人有出世之念，不婚的機率很大（圖四）。

右手掌相比左手掌相好，表示姻緣來得較遲。因為早期的戀愛多波折重重，所以越晚婚越好。

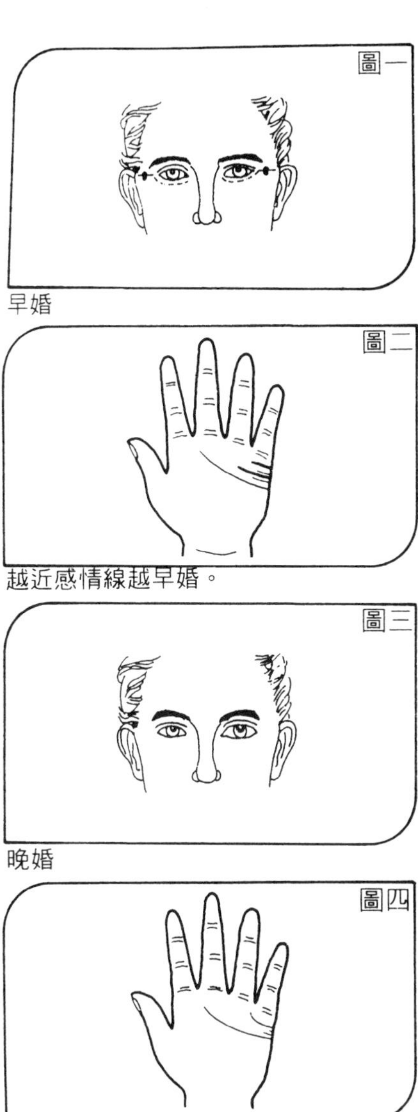

早婚

越近感情線越早婚。

晚婚

出世的手紋

十二星座的姻緣早晚

摩羯座

摩羯座的人早晚都要結婚，談戀愛也是為找結婚對象，因為結婚是人生很重要及很實際的一件大事，有利的婚姻關係著一生的幸福。所以，摩羯座早婚是男早遇賢妻，女早遇良夫，晚婚則是白雪公主及白馬王子都隱居去了。

金牛座

無論金牛座多晚婚，也絕不會是十二星座中最晚的，甚至還有可能是數一數二早的。男金牛踏實的性格，天生的保護慾使他們渴望早點成家，之後再談立業。女金牛喜歡把家庭照顧得好好的，每一次戀愛都會從中努力到步向紅氈，屢敗亦屢戰，越戰亦越勇。

處女座

這是獨身主義不婚族頻率最高的一個星座，他們講求完美、不合群，喜歡離群索居。好不容易挑中了對象結婚，也會努力保持婚前單身的生活空間及想法，作他們的伴侶，精神壓力不小。

牡羊座

只要一衝動，牡羊座就想結婚，也不管時間對不對，更不在意輿論的壓力。男牡羊會一直尋找希望結婚的對象，女牡羊則一心跟定想嫁的對象，只要他們覺得對了，就會用盡各種辦法結婚。

獅子座

要不要結婚，決定權全在他們手上。早婚或許會妨礙事業發展，晚婚會比較恰當，不過戀愛跟婚姻不能混為一談。接近適婚年齡上下的獅子座是最有結婚誠意的。

射手座

結婚？多浪費呀！何必為了一個人而喪失追逐愛情的自由？太早被套牢的射手座多半會蠢蠢欲動，所以總是有很多不結婚或已離婚的射手座在情場裏外來來去去，不願輕易被一只戒指或一張證書限制。對他們來說，共同生活的方法多得很，不只結婚這個老古板辦法。

雙魚座

男雙魚會因為博愛而遲遲不結婚，女雙魚會需要被愛而早早進禮堂。雙魚座是渴望愛的星座，但男女卻大相逕庭。唯一相同的是，婚前婚後都要給予相同程度的愛情滋潤，婚姻不是只有建立家庭與負起一大堆現實的責任，最要緊是愛情的延續。

巨蟹座

最顧家及最有家庭觀念的星座，對不能嫁娶或不能的對象一概不理會。早婚和晚婚的巨蟹各半，但都是出了名的好爸爸及好媽媽，對他們而言，結婚是為建立美滿的家庭，否則大可不必。

天蠍座

同樣是水象星座，天蠍座的人比較容易和初戀情人走入家庭，或是和看對眼的對象閃電結婚。他們痛恨一個人漂泊，否則會認為人生漫無目的，所以晚婚者有，但不婚者少，早婚的人口比較多。

水瓶座

不管愛情的滋味如何地轟轟烈烈，水瓶座的人對相親的興趣倒是十分濃厚，只要對象合宜，他們會在適當的時機步入家庭。對水瓶座來說，適合的婚姻比狂熱的激情重要。

雙子座

愛好自由但不排斥婚姻的雙子座，認為姻緣的早晚在於愛情何時萌芽及產生結果。於是想結婚的念頭從第一個愛侶持續到最後的選擇，就看那個對象會不會妨礙他們的自由。他們不會太晚婚，更鮮少會不婚。

天秤座

他們不主張不婚，但是多半不會太早婚。因為理性的天秤在選擇談戀愛的對象時往往拖拖拉拉，如果又牽涉到終身大事便考慮更多。再三嚴格分析的結果，可能是對象因此不耐而離去，婚姻大事又要蹉跎了。

2. 海底撈起女人心

——為男人研究女人

女人心，海底針；不只是男人不懂，有時女人也不懂女人。

但男人如果不懂女人，情場注定要失利，更別說求得好姻緣了。現代女性可不同過去，願意糊裏糊塗跟一個不適合的男人過一輩子，中途解約屢見不鮮。同樣地，若是一時不察選錯了女朋友或老婆，分手事小，精神創傷可就大了。要是正好在聚散邊緣，或許透過更深的了解，你能夠做出最正確的抉擇。

愛情是盲目的，時間卻會讓人越看越清楚，與其如此，還是一開始就感情與理智並行——親愛的男同志們，好好凝視你夢裏伊人的臉，握緊「她」的手，知道「她」的血型及星座，把你所知所得加起來，「她」，就無所遁形了。

☺白雪公主何處尋——從面相看女人

別指望七個小矮人會為你帶路，別忘了他們也是男人，跟你一樣都是白雪公主的愛慕者。

白雪公主可能在街上、可能在家裏、可能在辦公室，也可能在異鄉，她究竟長得什麼樣？你可得仔細瞧了——

☺找尋白雪公主的第一步

將焦點放在眼尾至髮際處，這是你是否可以尋找到心目中白雪公主的第一步，如果你此部位豐隆，表示你妻緣甚佳，如果正好相反，你最好蹉跎個幾年再慢慢找會比較好。

要是你遇到女性此一部分出現黑痣，可能她是豪放女或風流艷婦了，她不但喜好男色，而且容易受到異性勾引，心猿意馬，非常不安於室。

☺女人的眼睛訴說感情生活

許多男性都喜歡女人有一雙大而清亮的翦水雙瞳，看起來柔情款款，溫柔無比。大眼睛的女性的確容易動情，只要有心追求，很容易激起感情的火花。換言之，眼睛較小的女性顧慮多，理智重於感情，並不容易追求。

大眼族之女甚至可能一旦芳心暗許，就主動大膽追求異性，反而使身為男士的你受寵若驚，可是，對感情的認真及執著，大眼睛女性不如小眼睛女性。

眼睛大小不一的女性，具有為愛奉獻的精神，一旦找到所愛，便能終生執著為其付出。不過往往因為過於衝動而所遇非人，但又會執迷而不悔下去。

三白眼的女性占有慾強，個性強烈，當她的男朋友得有好修養及好脾氣，才能相安無事，不然火爆場面一定屢見不鮮，而且醋罈子一旦打翻，非得神通廣大才能平息。

雙眼皮女性比單眼皮女性多情，前者是愛情萬歲，後者是理性為重。不過現在美容科技十分發達，得多花點心思觀察，才知你所見到的雙眼皮究竟是渾然天成還是人工手術。

☺從鼻子觀察女性的夫運

女人的夫運與鼻相密不可分，這倒是與選貴夫的必備面相條件不謀而合，同樣是「依鼻行事」。

鼻梁挺直，鼻準頭多肉豐隆，是夫運亨通的象徵。閣下娶到了她說不定馬上飛黃騰達；但也很可能因為條件不夠而被三振出局，甭提能抱得美人歸了。所以她喜未必你亦喜，得先掂掂自己之分量再說。

不過若是鼻梁過高，再加上顴骨高聳，那你的白雪公主實際上可能是武則天，性情剛強固執，十分有妻奪夫權的資格及架勢（圖一）。

鼻梁最好長得適中，若是位置偏低的女子，很容易上□，但卻多是露水姻緣，不得長久，對感情也較不專一，甚至會有偷情、外遇的跡象。

女性的鼻形亦忌彎曲，表示其性情古怪，你們的情路也會走得崎嶇不平且未必能白首偕老。

鼻準頭尖而細，多是美人鼻相，若是加上兩片薄櫻唇，更是嫵媚動人。但請記住一句歌詞——「美麗的女子容易變」，這種長相的美女正是如此，不但善變而且不太念舊情，你可得努力擺脫美色的誘惑，以免賠了夫人又折兵之餘，憑餘一段傷心往事呢！

☺紅唇「勿」語──從唇相看女人

櫻桃小口惹人憐愛，歐陽菲菲的血盆大口看來一樣性感。世上紅唇翩翩，到底哪些唇相才是男人心目中夢寐以求的？

男人標榜嘴大，女人卻以嘴小為榮，雖然不夠性感，卻優雅有致。但是嘴小的女子並不熱情，追求起來也要花一番心思。相反地，大嘴巴的女子非常活潑，而且容易親近，只要彼此對眼，那一時天雷勾動地火，愛情自然於焉而生。

嘴唇尺寸適中，並不代表個性也是正好不偏不倚。只不過是不至於無情無義，也不會為情所困，談戀愛既不驚天動地，也不會忽冷忽熱，是能將麵包和愛情衡量得當的現代新女性。

薄薄的一片唇，讓你幾乎忘了「她」的存在。同樣地，本位主義的她，也會為了現實的因素，忘了你的存在（圖二）。要是你有顆容易受傷的心，就找個厚嘴唇的女性吧！她們的真情如潮水般湧來，會讓你既安心又有點喘不過來（圖三）。

上唇比下唇厚的女性，十分有母性愛，很能照顧戀人或丈夫。下唇比上唇厚，則需要你無微不至的呵護及疼愛，正好可以滿足男人的保護慾。

嘴唇上下合不攏而成蹶嘴狀的，是俗稱「口如吹火」的唇相。跟她在一起，你就像擁有一個衛星廣播電台，定時收聽五湖四海的小道消息。她是一個標準的IBM（International Big Mouth），最喜歡說長道短，受不受得了，就看你是不是也是同道中人了。

妻奪夫權的面相

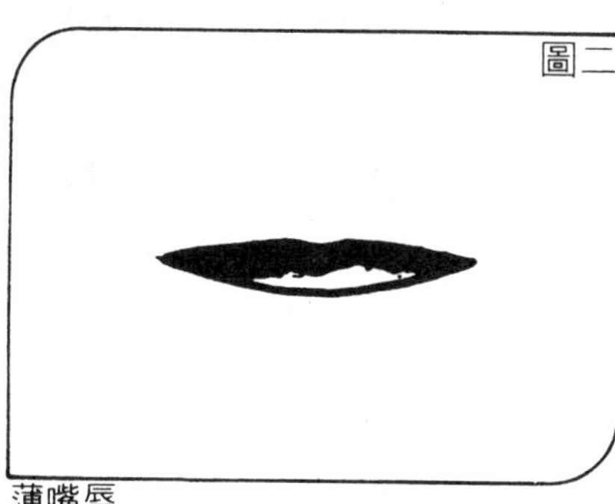

薄嘴唇

厚嘴唇

☺從額頭的形狀洞悉女人心

男人都怕遇見母夜叉或是黑寡婦，只是沒有共同生活又怎會一清二楚？為避免以身試「妻」帶來的種種不便，不如先看清對方的額相，了解一下她的心。

額頭的寬度若超過三隻手指，即為寬額。寬額的女性比窄額的女性好相處，個性也較爽朗大方，不會忸怩作態。窄額的女性容易胡思亂想，也喜歡斤斤計較，不是隨和及善體人意的人。

額頭與頭髮形成的角度稱為額角。圓形額角的女性多具有古代中國的優良傳統，凡事逆來順受，一切以丈夫及家庭為重（圖四）。方形額角的女性卻是得理不饒人，絕不願作愛情的弱者，加上事業心旺盛，所以多是善與男子一爭長短的女強人，即使非常顧家，也不會放棄在事業上繼續努力。（圖五）

女人有美人尖未必美，此種呈M形的額角伴隨而來的可能是個外表嬌媚、內心驕縱的大小姐個性，閣下若是沒有馴悍的勇氣，就要多看看，以免吃不完兜著走（圖六）。記住，若是她還具有兩顴高高的面相，那她的兇悍度一定不低。

額角凹陷的女性懦弱無主見，遇事容易慌亂，離賢內助的標準很遠。額角凸

起的女性通常智慧勝於美貌，口才優於手藝，是職場生涯上的佼佼者，但往往太自恃聰明，反而引起男性內心沙文主義的不滿，覺得她太過自以為是，失掉女性應有的柔順（圖七）。到底她們的表現是真的令人無法忍受還是自尊作祟，你不妨先別下斷論，遇到了再應證看看。

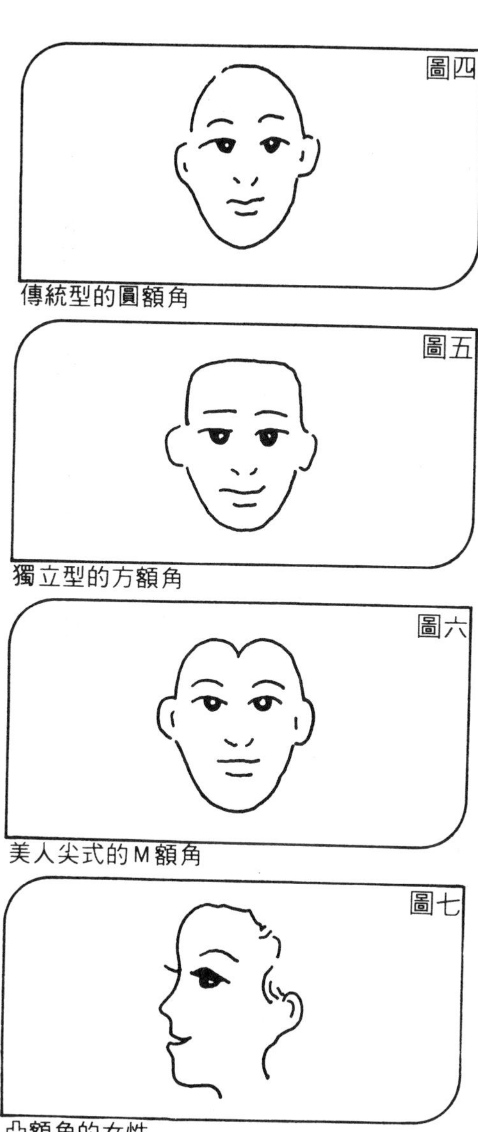

傳統型的圓額角

獨立型的方額角

美人尖式的M額角

凸額角的女性

☺玉手纖纖有玄機——從手相看女人

男女感情的開始，握手通常是第一站，當你終於「如願以償」握住她的手，可曾想過，你真的了解她嗎？

她的手是大是小、是粗是細，都跟她的性格及戀愛觀、戀愛運息息相關，相信這也是你亟欲了解的。

就讓我們由手相的觀點，好好地看看女人吧！

☺女人愛情之所繫——感情線

提到戀愛，自然不能不從感情線開始，先來看看感情線的長短。

感情線的長度以中指下方為界，超過中指為長，表示感情重於理智，未及中指為短，代表理智重於感情。

感情線若長至食指下方，你遇上的可是個烈火情人，讓你又刺激又驚奇！不過她們是愛火易燃，妒火也易中燒，你可小心別被灼得遍體鱗傷！

感情線若止於中指下方，你的對手是理智與感情十分平衡，不會薄情寡義也不至為愛抓狂，讓你安心許多，但也同樣需要警惕。她們對愛情是抱著適可而止的態度，你若做得太過或不夠，還是難逃三振出局的下場。

感情線過短的女子，是男人感情世界的煞星！她們不肯花心思去愛人，但卻喜歡享受情慾，為此出軌或背叛並不稀奇。

花花公主的感情線常呈鎖鍊狀，或是感情線雖長，但斷斷續續且有許多支線，表示她們不只是你心目中的白雪公主，也是大家心目中的可人兒。或者她的感情朝三暮四，喜新厭舊，很難只專注於一個人身上（圖八）。

相反地，為愛奉獻，忠於愛情的女子，往往感情線彎向中指下方，另有一分叉線彎至中指及食指之間。或者，感情線在中指下方向下彎曲，也表示其人是處處以對方為重的痴心女子。

當然在情場上也有不少女中丈夫，和男人互爭主權，巾幗不讓鬚眉，這類型女士多半事業成就輝煌，對愛情抱著「寧為玉碎，不為瓦全」的態度，絕不會為愛情犧牲事業及自己的權益，更在乎對方是否符合她們各方面的標準，否則寧可不要！如你遇上這種脾氣的女子，趕快看看她是否為川字紋，即感情線、智慧線、生命線彼此頭尾皆不相連，三線分開而呈川字狀（圖九）。

但若是有兩條一長一短感情線的女子，代表她們能夠事業及感情兼顧，不會矯枉過正，也不會讓男性感覺有很大的壓力。

☺從婚姻線看女性的夫緣

要想看看你和心儀的女性有沒有結連理的機會?或是對方是否為賢妻良母?可從婚姻線探個究竟。

婚姻線不只一條，以清晰可見的紋線為主，其位置在小拇指下方至感情線中間。長而直的婚姻線表示女性的夫緣良好，結婚後會是賢妻良母，對丈夫幫助頗多。

婚姻線太長，容易因善妒而造成伴侶的恐懼。若是配合感情線長至中指，則你可能碰上天下數一數二的妒婦了。

婚姻線止於無名指下方的女性，通常夫緣甚佳，不是有機會嫁入豪門，就是能夠遇到理想體貼的丈夫人選。他們本身也多是熱情洋溢，討人喜歡的甜姐兒。

但如果婚姻線過多（四條以上），或是婚姻線呈彎彎曲曲狀，那就不是安分的女子了（圖十）。多半縱情在愛慾之海，風流而多情，關係錯綜凌亂，不會專注在任何男人身上的。

現代女性多晚婚，若是婚姻線又出現多重井字紋，就表示獨身的機會很大（圖十一）。不是遇人不淑，就是苦無理想對象，往往戀愛運不佳，佳期又遲遲無著。

婚姻若要幸福，最要緊是遇到安分的對象，若是婚姻線向上延伸出許多分叉支線，就表示你眼光不錯，夫妻感情也會十分融洽。

婚姻線要是分叉，表示其人不擅經營婚姻，不是易有外遇，就是因此一拍兩散，你可得多方觀察其人其性才行（圖十二）。

有兩條婚姻線的女性，往往同時交往兩個以上的結婚對象，然後徘徊其間不知如何選擇。所謂的三角戀愛，便是這麼回事了。

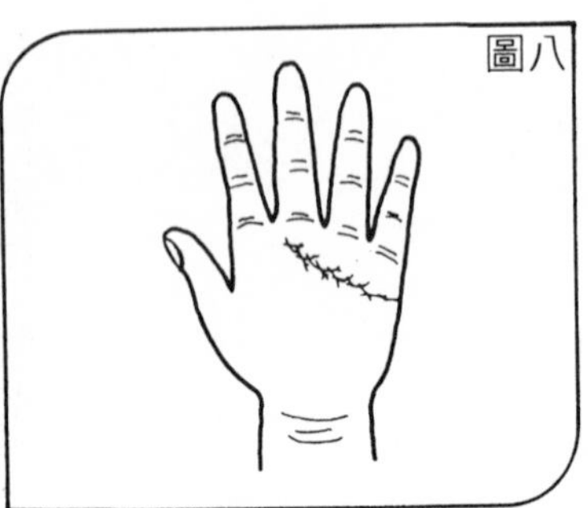

花花公主的感情線

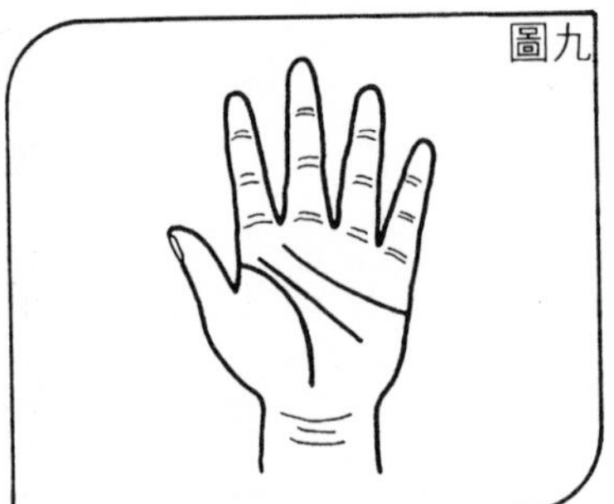

女強人的川字紋

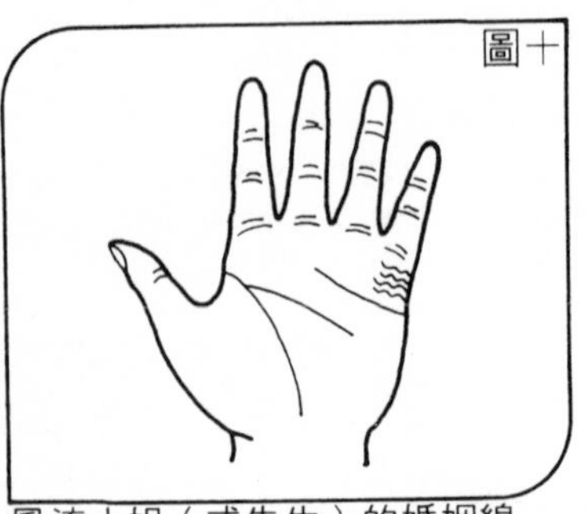

風流小姐（或先生）的婚姻線

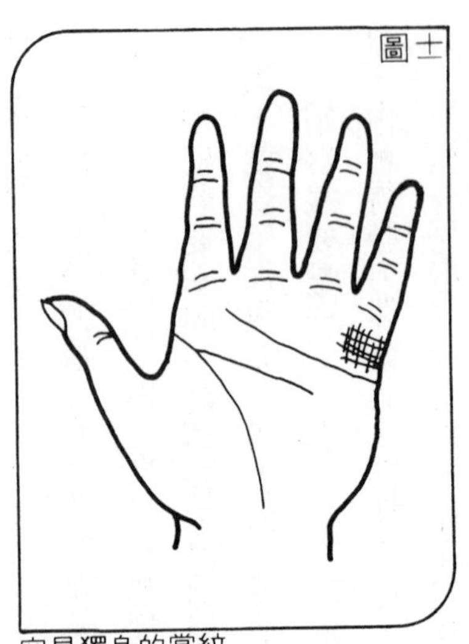

容易獨身的掌紋

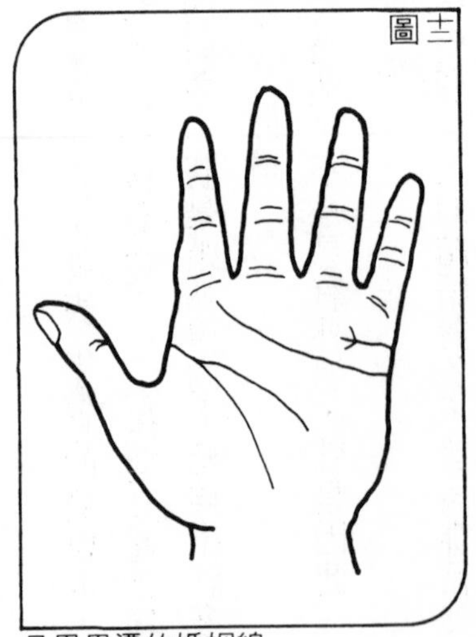

見異思遷的婚姻線

☺掌丘表現女性的感情世界

手掌的掌丘表現女性內心潛藏的感情世界。若是女性的太陽丘及金星丘發達，那必定熱情大方，是個理想的戀愛對象，戀愛運也不錯。

但金星丘過於飽滿的女性，容易以貌取人，喜歡帥哥型及偶像型的男人，對愛情的看法多浪漫而不實際。若是金星丘平坦，太陽丘飽滿，那麼這位女性對愛情的看法就很實際，反而會認為外表太好看的男人靠不住。

太陽丘飽滿，水星丘豐隆的女性，十分嚮往甜美的愛情，本身也會努力創造圓滿的戀愛。（圖十三）

遇上木星丘突起的女性，你可能得發揮馴悍的本領才行，她們可不是好征服的對象，要是火星平原平坦還好，如果也是高高隆起，那你還是想想要不要硬碰硬再說。

若是火星丘ＰＡＲＴⅠ及火星丘ＰＡＲＴⅡ凸起，這樣的女性通常敢愛敢恨，而且也會大膽追求心中的白馬王子。很多瘋狂迷戀偶像的影迷、歌迷大多有此掌相，常令偶像大驚失色（圖十四）。可是如果兩個火星丘都呈凹下狀，那就是感情世界的弱者，不是消極逃避就是委屈求全，屬於為愛受苦難的典型。

月丘飽滿有彈性的女性，多半嚮往永恆不變的唯美戀情，對感情相當認真執著。若是金星丘隆起，表示她們心中已有理想的戀愛藍圖，指日可成。

☺從掌形看女人的戀愛觀

玉手纖纖的女子多令男人沈醉，但你可知道這類型的女子正是感情世界中眼光最高的。她們的手掌大小適中，十指尖細柔軟，完美地可以去拍廣告。擁有這種掌形的多是美人，自然眼光高的不可一世，希望對方既浪漫又有優秀的條件，才能與之匹配。

手指呈突節形狀的女性腦筋一流，感情觀極為保守節制，主張柏拉圖式的戀情，厭棄世俗一般的男歡女愛。一旦讓她們認為你是貪戀男女之歡的凡夫俗子，就會馬上結束戀情。

方型手掌及粗細一致呈筒狀的手指，少見於女性之手，如果有類似的形狀，表示她們多沈默寡言，不會作夢，崇尚殷實安定的婚姻（圖十五）。

手指不修長呈圓筒狀，但手掌較長的女子，心地寬厚卻敏感，能被愛能愛人，卻因不夠明快理性而常身陷多重情網之中，煩惱得不知如何是好。

要是你舉起某女性的玉手端詳，發現她的手掌適中，手指形狀卻各有千秋，你若是有追求，最好有心理準備，因為她可是人見人愛也會招蜂引蝶的萬人迷，隨時隨地都可以開始戀愛，你只不過是她眾多裙下之臣的其中一個而已（圖十六）。想要獨占花魁，可比登天還難！

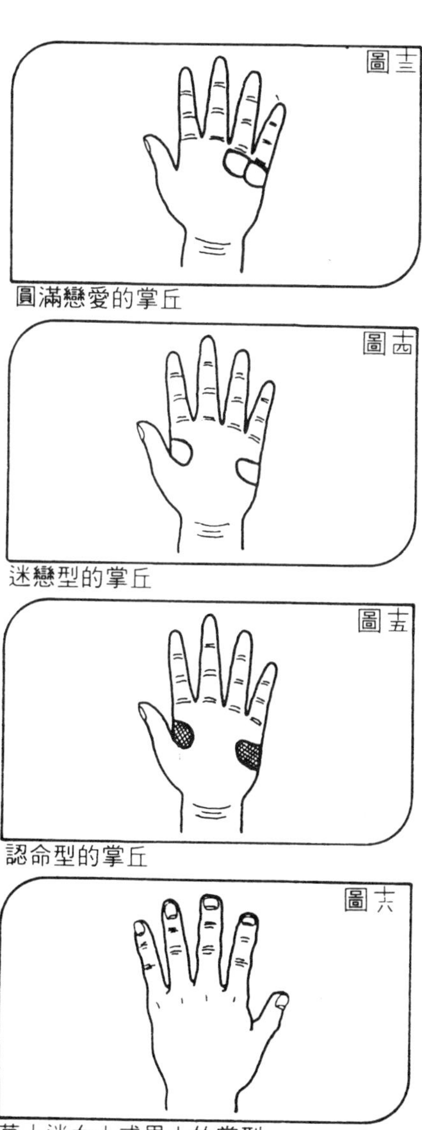

圓滿戀愛的掌丘

迷戀型的掌丘

認命型的掌丘

萬人迷女士或男士的掌型

☺愛情婚姻對對碰——從血型及星座看女人

無論是一見鍾情還是愛情長跑，你都得知道她骨子裏對愛情的看法——面相、手相告訴你的還不夠多，血型V．S星座才能對她的愛情潛意識進行大蒐祕！（想更了解血型及星座的奧秘，可翻閱附錄㈢命相小百科：四大血型及四大領域的十二星座。）

A型女人V．S十二星座

A型的女人善感、纖柔、安靜卻又有點憂鬱，思維深邃又偏向神經質，不過這都只是刻板印象，活潑的A型不在少數。但A型人自成一格及自我防衛保護感情世界，只具愛情勇氣的男人未必能憑一己之力，開啟她們的心扉，因為看似溫柔祥和的內心世界，實則波濤洶湧。

A型女人V・S土象星座

A型摩羯座♀：愛情及麵包兩者得兼

外冷內熱的A型摩羯座女人，是很講求理性及實際條件的擁護者，在乎愛情也在乎麵包。她們的愛在堅實可靠的感情及責任保障之下，會醱酵得很快。相反地，如果你只是抱著玩玩的心態，她們絕不奉陪。

A型金牛座♀：愛情像霧又像花

她們永遠以微笑面對每個男人，使你們人人有信心，但遲早發現各個沒把握。她認為愛情等於婚姻，所以每次都是抱著拋繡球的心情談戀愛，只是她們眼看角逐者眾多，卻遲遲不表態。她們喜歡積極熱情又有經濟能力的男人，在繡球拋下的那一剎那，才表示她們找到了。但她們沒有淘汰未接到繡球的男人，仍願維持一定的友誼。這，才使你更加迷惘。

A型處女座♀：塔裏的女人

很難要她們撇開自身的矜持去大膽喜歡一個人，她們不是沒有愛的需求，而是喜歡獨自咀嚼相思的感覺，不願印證現實的殘酷。光是熱情不足以使她們自愛情的象牙塔中走出，反而是穩重及體貼的男子能燃起她們心中藏匿已久的情愫。

A型女人V．S火象星座

A型牡羊座♀：愛情總是來來去去

該怎麼說她們才好呢？她們想愛又不能盡情地愛，想主動表明心意卻又裝腔作勢，往往你不知她們究竟是有意或無情，反而會因此萌生退意，她們也只有眼睜睜看著良人遠去，任點燃起的熱情消弭於無形，等待下一次了。

A型獅子座♀：靜待心火點燃

你可能會覺得她們像尊佛像，希望你去膜拜。事實上，她們只是擺架子而已，並非要拒你於千里之外。鼓起勇氣再積極追求吧！A型獅子座的女人可是不可多得的賢妻良母。

A型射手座♀：逝去的戀情彷若一縷輕煙

當她們談戀愛時，會完全投入，一旦要莎喲娜啦時，她們也是最早想通的族群，反正等下個有緣人來到，還是可以盡釋前嫌，重新開始！記得一件事，她們可是不吃回頭草的。

A型女人V.S水象星座

A型雙魚座♀：被保護的小動物

她們懂得呵護別人，也十分需要被呵護。有一點大男人主義的人最令A型雙魚座女人著迷。她們最需要一雙堅實的臂膀及無微不至的保護。

A型巨蟹座♀：精誠所至，金石為開

要想敲開她們的心，非有過人的誠意及愛心不可，不然你也只有等著吃閉門羹了。一旦你打開她們的心，她們排山倒海的愛足以淹死你。

A型天蠍座♀：感情世界表裏有別

她們慣於掩飾自己內心的澎湃情緒，讓你覺得好像遇上一池死水，怎麼用力也激不起波瀾。她們真的很渴望放膽去愛，但天性審慎使她們的感情總是如此沈靜無痕。

A型女人V．S風象星座

A型水瓶座♀：既期待又怕受傷害

A型水瓶座女人是有名的膽小鬼，即使面對心儀的人也會窘得無處躲藏。不知所以的男人還以為她們是同性戀，老是和一群女人在一起。殊不知，她們是熱烈渴望被愛，卻又害怕受到傷害。

A型雙子座♀：速戰速決開闢新局面

缺乏耐性去等一段感情開花結果，A型雙子座女人喜歡速戰速決。開始得快，結束得也快。然後揮一揮手，她們又去尋找新的愛人了。

A型天秤座♀：任愛情空溜走

優雅的A型天秤座女人從不積極爭取愛情，反倒常是以局外人的身分為人排難解紛。她們果真不急？未必！只是天性的懶散使她們經常錯失良緣。

B型女人V．S十二星象座

活潑、親切，善與人交往及相處，B型女人與任何男人的關係總是要比其他血型好得多了。作不成情人還是可以當朋友，天無絕人之路。好一個親善大使的代表！然而，B型女人的熱情、大膽及豪放，其實是來自於內心源源不斷的衝擊及對自由的渴望——

B型女人V．S土象星座

B型摩羯座♀：愛情需要堅實的經濟基礎

看著她們在感情上的表現，你會以為她們是O型女子，執著、認真、無怨無悔地跟著一個有前途的男人。請注意，她們的眼睛可是雪亮的，比A型摩羯座專情，但更實際。甜言蜜言不奏效，愛情是建築在實實在在的經濟基礎之上。

B型金牛座♀：嚮往溫柔體貼的黏膩愛情

她們怕死了激進、兇猛的熱情攻勢，所有會搞亂生活的戀情一概不允許！她們喜歡以有點黏再黏一點的感情，但只是如此而已。而且希望對方永遠溫柔體貼，讓她們舒舒服服地被愛包圍著。

B型處女座♀：愛情世界的半調子

你很快就能認出她們，天真中帶點世故，活潑卻有點靦腆，想愛又不知該不該愛？總之搞得有心追求的人都方寸大亂，進退都不是。原諒她們的半調子行為吧！B型處女座女人就在理智與情感之間來回擺盪，不然哪需要熱心的大男人去「拯救」她們呢？

B型女人V・S火象星座

B型牡羊座♀：友情愛情混沌難分

B型牡羊座女性的異性緣，足以讓所有同性眼紅，而她一視同心的心態，足以讓異性氣瘋。她們真的不知異性朋友與男朋友有何差別？

千萬別說她們濫交，她們也是很挑的，只是挑中的人數多一點。你若真的不能忍耐，那就只能另尋找出路了。

B型獅子座♀：溫柔開朗的小母獅

獅子座的女人之中，她們最不兇悍，對異性比對同性要客氣多了，還會頻頻放電呢！這使她們成為男人包圍的對象，畢竟溫柔開朗的女子，正可滿足男人們的多重需求。不過她們就是因為太受歡迎了，反而不容易與人建立深刻的感情。

B型射手座♀：談情說愛最在行

情場之中，她們戰果輝煌，戀愛次數居十二星座之冠！你若有幸，很可能遇見她們，並譜出一段感情。而且就算戀情結束，也會維持良好的朋友關係，絕不翻臉。

只可惜，你很難在她們心中停佇太久，她們需要不斷戀愛，因為那會使她們更有自信！

★B型女人V．S水象星座

B型雙魚座♀：愛如潮水緜緜不絕

她們的雙眼最容易因愛蒙蔽，只要有愛情，雙魚座B型之女可以不在乎對方是個什麼樣的人。她們沈溺在愛情中，盡情享受被愛也盡情愛人。

B型巨蟹座♀：無辜的第三者

善解人意使B型巨蟹座之女常會捲入愛情紛爭，成為無心插柳的第三者。但善良的天性會使她們悄然引退，卻不保證沒有下一次。

B型天蠍座：敢愛敢恨不落人後

被她們愛上的男人不知是幸還是不幸。她們既專一又濃烈的愛，絕不容許愛情有任何一丁點雜質，否則她們絕對會以激烈的手段表示不滿。

B型女人V・S風象星座

B型水瓶座♀：愛情在友情變質後開始

她們與異性的友情經常變質，最有可能身陷若有似無的多角戀愛之中。既然男的朋友將會成為男朋友，又何不多認識一些呢？

B型雙子座♀：談戀愛消磨時間

她們多半有一個固定男友和一大堆她們不愛卻用來排遣時間的戀人，就算是別人的情人也不在乎。你要不要猜猜看，自己究竟會成為她們的固定情人還是流動攤販？

B型天秤座♀：招蜂引蝶功夫一流

固定的情人使她們窒息，最好是處處皆情人，但不必對任何人負責任。只有等到年紀老大不小了，B型天秤座之女才會猛然醒悟，乖乖地作個賢妻良母。

O型女人V．S十二星座

她們性情豪爽，卻也相當固執，有話直言不諱，但又使男人下不了台！女強人的血液中，O型占絕大多數，她們的韌性，令人望塵莫及。但對感情來說，O型女人真的就這麼橫衝直撞嗎？

O型女人V．S土象星座

O型摩羯座♀：愛情算盤響叮噹

她們的經濟頭腦左右了愛情觀，這一點是全摩羯座之冠！選擇對象時，她會先衡量客觀條件再決定愛或不愛。如果她們不能從感情中獲得安全感，那麼就寧可不愛。

O型金牛座♀：誠實坦白的對待感情

她們是很誠實又坦白的金牛座女人，喜歡就是喜歡，不喜歡便會表明，一點也不拖泥帶水，但又不會令被拒絕者覺得尷尬。沈穩可靠的男人令她們的歸屬感油然而生——O型金牛座之女是極負責認真的主婦人選。

O型處女座♀：熊熊愛火在心底燃燒

如果她們不說，你一輩子也不知道她們藏在心底的熱情，她們總是那麼優雅、平靜又帶點挑剔——對有情人也保持若即若離的態度，不願別人破壞她們的生活。如果她們這麼對你，你還是早放棄吧！不是她們不愛你，是你夠笨，無法點燃她們心底對愛情的渴望。追求O型處女座女人的首要條件是——恆心及無人能及的敏感度。

O型女人V．S火象星座

O型牡羊座♀：改寫男追女的戀愛法則

遇到意中人之後，O型牡羊座之女必定卯足了勁大膽追求，一刻也不停留。你會被她們的熱情感動，但也會因為其後的強烈占有慾而苦惱。

你會希望她們別那麼善妒——可以。但前題則是，她們不怎麼愛你。

O型獅子座♀：戀愛概念一級棒

既不主動也不被動，O型獅子座的女人相當有談情說愛的本錢，曉得如何接受情意及示好，是男人夢寐以求的好對手。只不過她們耳根子軟，喜歡聽好話，只要用心地捧捧她們，絕對有助於增進感情。

O型射手座♀：性情相投最重要

對於男性，她們大多一視同仁，除非有特別心動的，才會所有反應。在工作上認識的對象，如果性格相近則會激起她們戀愛的慾望，O型射手之女是事業及愛情都要兼顧的。

O型女人V．S水象星座

O型雙魚座♀：奉獻自己於愛情

為愛犧牲奉獻是O型雙魚座之女最常見的美德。但如果對方並非第一理想人選，她們會暫時停泊在愛情海中，卻滿心期待真命天子的到來。

O型巨蟹座♀：家庭占首要地位

O型巨蟹座女人儘管情路多舛，一旦找到如意郎君之後，便死心塌地，一輩子作個好妻子及好母親。努力建設家庭也努力捍衛家庭，任何女人休想拆毀她們的家。

O型天蠍座♀：找對象精挑細選

自認為很會找對象的O型天蠍座之女通常不會太早婚，因為尋找好對象是需要時間的。一旦找到了，人生的一大疑難也就解決了。而且還有一點是她們最擅長的，就是向同性吹噓自己的對象如何優秀。

O型女人V．S風象星座

O型水瓶座♀：計畫戀愛及婚姻

戀愛不是偶然，婚姻絕非僥倖，O型水瓶座之女每一步都有計畫的。當然是遇到心動的對象才會有所規畫。可是理想伴侶的雛型早在十年前就已經成形了。

O型雙子座♀：矛盾的安琪兒

她們很討人喜歡，卻常常徘徊在獨身及婚姻的迷思裏。一旦熱情燃盡，戀愛就不再是件好事，婚姻亦若是。有什麼能讓她們愛火重燃呢？其實暫時冷卻才是最好的辦法。

O型天秤座♀：感情的避風港

她們的平和足以成為大風大浪男人的避風港，可是卻不適合嚮往熱情如火的愛情新兵。O型天秤座之女天生的理性使她們很少經歷愛情的折磨，也很少留下不堪回首的過去。但她們並不在意別人的過去究竟如何，把握現在對她們來說是最重要的。

AB型女人V・S十二星座

說她們善變，一點也沒錯，這正是魅力所在！但AB型女人對愛情的執著，完全超乎你的想像！眾裏尋「他」千百度，一旦找到了，她們就會對那燈火闌珊處的男人矢志不渝——想像不到吧！不過，這並不表示，她們再不會有些小小的、無傷大雅的艷遇。

AB型V・S土象星座

AB型摩羯座♀：誠意才能點燃心火

愛情對她們來說，是樁好大的工程！她們會仔細觀察，反覆判斷——就看你的誠意如何？夠不夠熱情？能不能相信及依賴？太多的因素左右她們的感情觀。從小心設防到使她們敞開心扉，你的誠意必須乘以N次方，直到無限大才行。

AB型金牛座♀：談戀愛的速度號稱倒數第一

她們是AB型裏最不善變的族群，但對愛情的反應也最慢，太含蓄、太迂迴的表白只會令AB型金牛座之女一頭霧水。但表白之後你更清楚自己是在跟一頭牛談戀愛——她們真的是慢慢地認識你，慢慢慢慢地愛上你。

AB型處女座♀：愛與不愛收放自如

和她們談戀愛，小心感冒！忽熱忽冷的態度令你好生苦惱，甚至因此頭暈目眩而失去方向。其實她們也很苦惱，可是ＡＢ型處女座之女真的就是想愛就愛，不愛拉倒。這種收放自如的絕活建立在一個嚴苛的愛情標準上，即使因此嚇走不少得重感冒的男人，她們仍不改初衷。

ＡＢ型女人Ｖ．Ｓ火象星座

ＡＢ型牡羊座♀：天使與魔鬼的綜合體

她們有時像小孩子，需要你的呵護。又突然搖身一變，成為肆意凌虐你的母夜叉，這就是ＡＢ型牡羊座之女的雙重面目。

你若喜歡刺激的戀情，她們是最佳選擇。記住，她們越愛你，就越想折騰你，奇怪吧！

ＡＢ型獅子座♀：熱情慢慢釋放

就像早晨的太陽，ＡＢ型獅子座的女人的熱情需要時間才會慢慢迸發出來。她們冷靜、理智、善於觀察，只有相信你才會敞心扉，讓你感受到無比的熱情之愛。

AB型射手座♀：頻出絕招的愛情高手

遇到她們，你可得小心了，愛情高手有一半是出自AB型射手座之女。她們變幻莫測，有時熱有時冷，具有把你整得哭笑不得的本事，卻也讓你心猿意馬，想要她們成為你的情人。先勸你一句，對於越在乎她們的人，她們越不重視。

AB型女人V．S水象星座

AB型雙魚座♀：此情可問天

雖不至一生只愛一個人，但AB型雙魚座之女也是夠痴情的。即使被玩弄、拋棄，依然無所怨懟，只會靜待良人回頭，或是愛神再次眷顧。

AB型巨蟹型♀：從挫折中培養勇氣

年輕時的她們很容易受感動，並因此而墜入情網，為此常會嚐盡愛情的苦果而不自知。但是她們很快就能從挫折中站起來，為自己再尋找幸福。

ＡＢ型天蠍座♀：保護色濃厚

她們擅長保護自己，不到一定時候不會輕易動心。理性主宰了ＡＢ型天蠍座之女的心靈，是不會陷入混亂不理智的感情之中的。她們要的是安全樸實的感情生活。

ＡＢ型女人Ｖ．Ｓ風象星座

ＡＢ型水瓶座♀：無愛一身輕

不輕易談戀愛的她們，有的是精神寄託，不須太多的人間愛恨纏繞於一身。想追求她們可得先作好朋友，否則真的是連門兒也沒有。

ＡＢ型雙子座♀：身經百戰的情場老手

慣於在情海中打滾的她們，是很難被一般男人征服的。除非對方比她還善變，令她挫折感油然而生，而起了征服的慾望。愛情遊戲，她們永遠玩不膩！

AB型天秤座♀：眼光太高以致小姑獨處

很少有男人是她們看得上的，就算是有點動心了，只要對方不夠分量，一樣置之不理。千萬別對她們緊追不捨，她們可是會看不起你的，欲擒故縱反而令你身價百倍。

☺性不性由她——貞節婦V．S豪放女

能讓每個男人認為一級棒的女人，大多是「在家是主婦，出外是貴婦，床上則為蕩婦」，但是真有這三位一體的「優秀」女性嗎？

尤其是「性」，往往男人喜言，女人避談，深怕毀損了形象……。但是現代女性談「性」的風氣日盛，就表示女人真的變「壞」了嗎？譴責同性不守禮法的保守女士就沒有性需求及幻想嗎？想深入了解女性的世界，「性」是不可或缺的因素，也是建立美滿姻緣的必備條件。在這個男女平等的時代，身為男人不應再忽略或漠視女性的性需求及態度，否則閨房失和，受影響最大的絕對是你！

☺眼睛揭露女人的祕密房事

眼神傳遞女性萬種風情，眼尾帶勾的女性多少有點風騷勁。若是在沒有任何疾病的情況下，下眼瞼又經常氾青發黑，那麼你是遇上了性需求不小的女性了。

三白眼的女性，作風大膽，而且性慾也像她的權力慾一樣地強，據說許多風塵女郎都有此眼相。不過請先別下此斷語，有的三白眼女性十分保守傳統，完全看不出來，非得交往或了解至某一程度，才可能感覺得到。

眼睛越大，感情越豐富，不計較為愛而性，也勇於面對此一基本生理需求。眼睛小就比較矜持保守，甚至有一點冷感，很容易視性為侵犯及不潔的事。

凸眼的女性要比凹眼的女性來得性慾強，而且容易產生慾求不滿的現象，常會因遷就生理需要而出現濫交或脅迫性伴侶的現象。實在是因為本身動情激素分泌過多，因此難以克制。

☺脣是性感及性慾的表徵

相書上曾說，女子的脣與其性器官形狀，大小相當。這說法雖然見仁見智，但是脣相的確能表現出女子在性方面的需要及態度。

女子脣越大，性慾也越強，也會比較在意伴侶是否能夠滿足她的需要。而脣部越小，對性的慾望也不大，甚至可能會有稍微冷感的情況。總之，小嘴巴的女性對房事的興趣不及大嘴巴的女性，比較期望柏拉圖式的戀愛。

厚嘴脣會因為愛情而自動獻身，也能適時享受性愛的歡悅。但嘴脣太厚的女性容易陷入性愛的誘惑中，致使有濫交的情況發生。

薄嘴脣的女性不易動情，慾望也比較低。而且非常重視性愛的氣氛及品質，性伴侶必須非常熱情主動，但又不能操之過急。女性的嘴脣薄的幾乎看不見，往往有精神潔癖的症狀，慾望不易點燃，也不願花心思在這件事情上。

上脣比下脣厚的女性，會努力去滿足性伴侶的需要及要求，即使自己不滿足或不情願，偶爾會委屈求全。下脣比上脣厚的女性很在意伴侶的表現是否合意，而且非常重視自身的感受，若沒有性需要，絕不肯為取悅對象而付出的。

☺顴骨高低決定性慾強弱

常有人形容女性顴骨過高，是所謂的妻奪夫權相。事實上，顴骨的高低最能看出一名女子的性慾而未必是權力慾。

顴骨高聳而且呈現外凸的女性，性需求十分強烈，非常重視性伴侶能否滿足她，也由此來決定愛情生活是否如意。這類型女子精力過人，所以很可能有不只一個性伴侶的傾向。結了婚之後若丈夫「力不從心」，可能因此而紅杏出牆。

顴骨高低不至於外凸，雙頰凹陷無肉的女性，發號施令的範圍從一般生活到床第之間，雖然不是性慾橫流，卻也是非常勇於要求伴侶滿足其需求，但卻不在意對方是否感受相同。

顴骨低的女性反而事事遷就，在床上也多抱著奉獻身體的想法，因其本身性慾並不強烈，所以任人擺佈亦較無怨言。

面頰豐潤而顴骨高的女性，可謂是風騷入骨，尤其是擅於房中術的女高手多有此相。許多男人最難消受她們的高超性技巧以及性需求，但卻往往食髓知味，屢試不爽。誰叫食、色乃人之天性也。

從這些面相上對「性」的看法，你應該對女人的「需要」有一定的了解，但這還不夠——透過以下對十二星座女性情慾的剖析，你將了解得更深也更多！

十二星座女性的情慾觀

摩羯座♀：床上的激情天使

關燈之後，你將會感受到一個熱情如火的摩羯座之女，前提則是——她愛你，不然免談！

摩羯座的女人在意性帶給她們的感覺，越成熟的女人越渴求持久又興奮的性生活。摩羯座、天蠍座、雙魚座的男性是最佳的性伴侶。

金牛座♀：為愛而性不言悔

性愛不分家是金牛座女人一貫的堅持，有愛才有性，只要開始了，一切好商量！而且她們會在床上盡量取悅愛侶，奉獻出自己的身心。

沒有愛情，休想她們會跟任何男人上床！這一點她們絕對堅持！所以，講究愛情及氣氛的巨蟹座、處女座，忠實的金牛座男人，都是她們願意獻身的對象。

處女座♀：貞節烈女第一人選

天生的思想潔癖使她們堅守這最後的一道防線，尤其是所謂的婚前性行為，這是她們最不能認同及接受的。處女座的女子可以滿足於柏拉圖式的愛情，在歷經婚姻之後，夫妻間的性生活並不會成為重點，愛是可抽離在性慾而獨立。

牡羊座♀：嚮往激烈的性行為

在床上大膽主動的牡羊座之女，與牡羊座之男同有虐待傾向，對魚水之歡十分渴求而又反應激烈，常成為主導性愛的一方。與白羊座、雙子座、摩羯座、射手座的伴侶性趣相投，被動的水瓶座正好可以滿足她們。

獅子座♀：床上的女皇帝

講求地位的獅子座女性非常在意男人在床上是否尊重她們，是否盡力滿足她們。太自私及太霸道的男人是她們看不起的，自然也不會和他們有所牽扯。理性的水瓶座及處女座，溫柔的雙魚座、巨蟹座是最能「逢迎」她們的性需求。

射手座♀：精挑細選性愛對象

伴侶不少，性伴侶卻精挑細選，重視對方的愛情勝過性的誘惑。可是一旦通過她們的考驗，她們便會十分投入，讓人刮目相看！她們深受同是射手座的男人，及浪漫的雙魚座、雙子座的男人吸引。

雙魚座♀：禁不起性的挑逗

敏感的雙魚座女人禁不起挑逗，很容易陷入肉慾掙扎之中而無法自拔。她們渴求性，即使不是很愛對方也無所謂。來自雙魚座、摩羯座、金牛座、雙子座、巨蟹座、天蠍座的挑逗，最令她們無法抗拒。

巨蟹座♀：性是解放的方式

習於壓抑的巨蟹座女性，在床上異常放得開，而且會努力迎合男人的要求，幾乎有被虐待的傾向。這時，才是巨蟹座女人現原形的時候。重視性愛感覺的天蠍座、金牛座、獅子座、天秤座、雙子座男人，是她們願意獻身解放的對象。

天蠍座♀：把自己奉獻給性伴侶

天蠍座女性不動情則已，一動情則驚天動地，她們在床上會盡力將自己奉獻給對方，達到完全的契合才為之罷休。和雙魚座、雙子座、天蠍座、巨蟹座的性伴侶在一起，天蠍座女性最易享受性愛互動的情趣。

水瓶座♀：性是為了傳宗接代

她們並非矜持，而是不認為性是多麼重要的事，除非傳宗接代。她們極度痛恨縱慾及過度看重性關係的男人，更不會答應他們的要求。

雙子座♀：好奇大於性慾

不一定要有愛，雙子座的女性常基於好奇與男人上床，但事後又十分看得開，可說是現代豪放女了。雙子座、射手座、雙魚座的男人，最能開啟她的好奇心。

天秤座：氣氛才能帶動性慾

氣氛不好，絕不能使天秤座女性寬衣解帶，她們會和有「那種」感覺的男人一起培養氣氛，直到引爆激情。天秤座之女的「奇異」癖好誰能滿足？當然只有天秤座男人了。

3. 一目瞭然男人心——幫女人掌握男人

再怎麼聰明強悍的女人，往往情場上的成績比那些看似膽小、柔弱的「白痴」女人要差得多，或許是事業上的成就蒙蔽了對男人的認知，當然更有可能是聰明反被聰明誤。

不論妳如何看待婚姻及感情，都必須正視一個事實：妳的聰明才智，並不代表一定能遇見良人，更不見得能避開採花大盜或負心漢的陰謀情網，有時反而因感情用事而深陷其間無法自拔，造成可悲可嘆的結果。

情場勝利的第一步，就是知己知彼。妳必須要了解男人，才能知道情歸何處？婚姻幸福的源頭何在？讓我們從面相、手相、星座及血型來多方剖析男人，讓女人不再蒙著眼闖情關，小心避開各種陷阱，做個最聰明的選擇。或是助妳掌握情勢，不再任男性予取予求，成為各方面獨立自主的真女人！

☺白馬王子今何在——從面相看男人

白雪公主們，別在愛情的城堡中沈睡了，睜大眼睛看看妳周圍的男士，小心白馬王子就要絕種了。

白馬王子可沒有在額頭刺字以示證明，妳必須好好地看清楚——

☺眼尾至髮際部位呈現姻緣運勢

如前述，眼尾至髮際的部位若豐厚而隆起，表示婚姻運佳。相反地，則在姻緣路上就要多嚐些苦果了。

如果妳有此良相，先恭喜妳有嫁得好夫婿的運氣，但這還是不夠，妳仍得多看看才能做出最佳選擇。萬一妳的這個部位正好凹陷，也不必太難過，倒不如晚一點結婚，待心智及歷練已臻成熟之際再選婚姻對象，良緣依然可期。

但這個部位最忌有傷痕及痣。若是妳瞧見某男士在此部位有傷疤，那麼對方的戀愛及妻緣不佳，要是出現的是痣，那可就具備登徒子的資格，不是言行輕薄，就是易挑逗而用情不專。

☺男人的眼相突顯其行為及感情觀

不管妳遇到的是何種男人，在妳未受他的秋波迷惑之前，趕快看看他的眼相如何。

如果妳已經因他那風流倜儻的眼神而暈浪不已，這種「致命」的眼相，就叫桃花眼（圖一）。

遺憾的是，他的這雙眼神不只會施展於妳，照樣也會澤及其他女性，不信邪是不是？四大天王中緋聞最多的黎明，就有這麼一雙眼睛。

眼大而圓，目光柔和的男性，表示其性情穩重，值得信賴。若是目露凶光則另當別論，在妳還沒練成中國功夫或跆拳道以前，先看清楚，別因為瞧見一雙大眼睛就不疑有他了。

眼睛較小的男人很少會迸發熱情，但是如果眼神端正，那不失為標準丈夫人選的考量，也許感性不足，但多為顧家、負責任的人。

三白眼的男人，性情比較激烈、急躁，或是以自我為中心，不太顧慮他人的感受，也許遇事敢衝敢闖，可能成為英雄人物，但卻不是個體貼的人。

☺鼻相作為找丈夫的指南針

要嫁個好丈夫，少不了事業一帆風順的條件，好丈夫在實事求是的女性眼裏，是與貴夫劃上等號的。

那麼，妳就得好好研究對方的鼻相如何，才知道和他的未來到底是不是一場夢而已。

一個高挺多肉的好鼻子若出現在瘦削無肉的臉龐上，妳與他的富貴恐怕只能短暫相逢，因為他個性獨來獨往，做事不帶感情，對妳也不會太情深義重。用情不專的男士多有個準頭尖細的鼻子，不但容易見異思遷，而且毫不念舊（圖二）！如果鼻翼薄而無肉，那麼還可能是吃軟飯的小白臉。

大鼻子未必是情聖，但較多情而慷慨倒是真的。小鼻子的男人對感情及金錢的付出都很吝嗇，即使富甲一方也會澤被四方。

鼻子貴在挺而直，若是彎彎曲曲則表示性情多變而狡詐，愛情的騙子不乏此種鼻相。鼻梁塌陷低下的男士個性大多陰鬱不開朗，而且自卑懦弱，遇事總是以不如意居多，對感情也多猜忌、猜疑，往往需要依附性格堅強、勇於付出的女性。

☺真情或假意？請先「讀」他的唇

男人的花言巧語，女人是又怕又愛聽——究竟有多少是真？多少是假？不妨從唇相仔細觀察之。

最好的唇相是大小適中，上唇及下唇厚薄程度一致，代表理智與感情平衡，對愛情的態度既成熟又穩定。若是唇較厚，表示熱情戰勝理智，會不顧一切地投入愛情。

薄唇的男人大部分都是演說高手，談戀愛口才自是不差，但是因為理智重於感情，所以說的比做的好。

上下唇厚薄不一，是常見的現象。男人若是上唇比下唇厚，大多有情聖的潛力，如果又是相貌堂堂，那麼「博愛」的傾向更加濃厚。

下唇比上唇厚的男人就收斂多了，甚至可能漠視愛情及婚姻，造成落花有意，流水無情的景況。妳若想要點燃此輩仁君的心火，不只要加把勁，還得持之以恆。

大嘴巴自然比小嘴巴來得熱情有勁，大嘴巴是屬於心動不如馬上行動的派別，敢愛又敢恨。小嘴巴族不會任愛神的箭四處亂射，會小心、仔細地挑選及觀察，半途而廢的情況比比皆是。

嘴角上揚的男人是樂觀主義的信徒，對於愛情多持積極、美好的態度及想法（圖三）。嘴角下垂則正好相反，他們追逐愛情卻又較為善妒多疑，期待女性奉獻卻又不太願意真心付出，是感情上的悲觀主義者（圖四）。

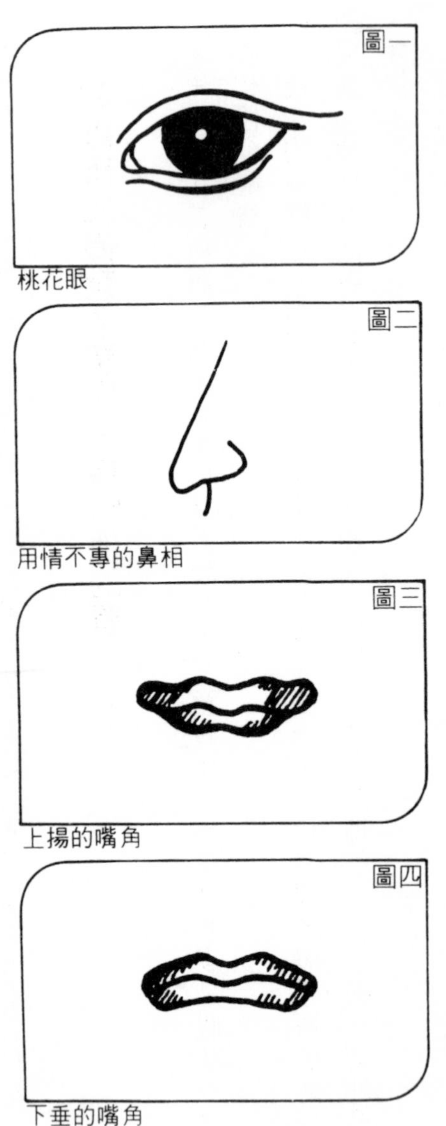

桃花眼

用情不專的鼻相

上揚的嘴角

下垂的嘴角

☺從額頭測試男人的愛情智商

額頭，也是看男人面相的一個重要的標準。妳可能想不到，額頭能揭露一個男人的愛情智商喲！

寬額要比窄額好。而寬窄之間以平放三隻手指為限，超過者為寬，不及者為窄。寬額的男人心胸寬大，性情溫和體貼，如果額面豐隆，少年即有成，是能兼顧事業及愛情的對象。

窄額的男人看起來就是鬱鬱寡歡的樣子，他的愛情觀亦是如此，總是自尋煩惱的多，而且不懂得了解女人心，成事不足，敗事有餘。

其次再來看額角，所謂額角，就是額頭與髮際所形成的角度。

額角呈圓形的男人，個性柔順，妳若是大女人主義者，便比較適合此種唯命適從的人，這種 Mr. YES 是很能滿足新女性的征服慾。

但是如果妳需要一個堅強的臂膀來支撐未來的人生，不妨選擇方形額角的男士，他雖然脾氣較硬，愛情敏感度低，不講求情趣，但卻是循規蹈矩，認真負責的家庭型男子。

男士若有美人尖，即額角呈M狀，多是自命風流的名士派，愛情智商高，想法及行為都很浪漫，可常常會出現剪不斷、理還亂的情形，令妳得看開才行。而且這種額角的致命傷在於不切實際，換言之，若他非家財萬貫的有錢人，妳就得有相當的賺錢能力才行。

額角凹陷的男人通常反應比較遲鈍，個性也比較散漫，不是會積極經營人生及戀愛的對象。額角凸的男人機敏活潑，有「窈窕淑女、君子好逑」的氣概，非常勇於主動。也往往因健談幽默，受到女性的熱烈歡迎。

☺掌握姻緣有一套——從手相看男人

透過手相，妳可以看到男人感情及婚姻的態度及運程，這其中有許多是面相未曾透露的訊息，更不是言談之間就可以略見端倪。有貌似忠厚，行為老實的男人，卻是感情上的採花大盜！妳想都想不到的事及現象，可藉由手相助妳立解疑惑，讓妳更懂得看男人。

☺感情線為首要觀察重點

從掌紋出發，感情線及婚姻線是兩大觀察重點。

感情線的長短，與一個人的熱情或理智程度成正比。以中指為界，感情線長度超過中指而直抵食指下方，表示其人感情豐富。如感情線長度不及中指，代表這是一個極度理性的人，也比較以自我為中心。若是感情線僅到無名指下方，則顯得無情。感情線若在中指正下方，是屬理性與感情並重的性格。

感情線長固然熱衷愛情，但過長就成為善妒及占有慾極強的男人，一旦被他愛上了，如果沒有被虐狂傾向，只怕會因此而窒息。

不要愛得太過火，但舉凡女人都希望遇上專情的男人——感情線在中指下方處向下彎曲，多是專情痴心的奇男子（圖五）。

花心蘿蔔的感情線就精彩了，長度至食指下方，但並非一路延伸，而是斷斷續續地生長，並有許多小支線在其間。如果紊亂的紋路與剪不斷理還亂的多角戀愛事件正好相得益彰。

至於只愛江山不愛美人的男人不在少數，不是事業第一就是經常為事業揮慧劍斬情絲，十分講求利益及現實導向（圖六）。但諷刺地是，他們有些是社會上的傑出菁英人士。

這類型性格的人感情線長度不超過中指，並與智慧線相連接，而且感情線本身沒有分叉或支線。

感情線若呈鎖鍊形狀，不是花心蘿蔔也是多情種子。如果再加上太陽丘或金星丘發達，多半是文采翩翩的風流雅士，自然因此而風流韻事不斷。

以感情線為主軸來看，長度若不至於過短（約在中指下方），但智慧線呈一直線橫向延伸，妳便遇到了一個貨真價實的沙文主義擁護者，是要享受被保護的滋味還是放棄以維護女權，就看妳怎麼辦了。

☺千里姻緣一「線」牽

從婚姻線則可看出男人對婚姻的態度及運程，即是否能像談戀愛時那般的有始有終？或是完全走樣？

婚姻線位於小拇指下方及感情線中間，以長直為佳。婚姻線通常不只一條，最清晰的才是主要參考的紋路。若婚姻線能延伸至無名指，表示妳遇見一個重視婚姻，鍾愛伴侶的男士，那可是幸福美滿姻緣的開始。

婚姻線雖長，但如果長度直逼感情線，很可能就是「與敵人共枕」型的丈夫，他們的熱情及善妒會讓妳又喜又懼，還是多方觀察的好。

婚姻線通常不只一條，但如果清晰的婚姻線超過四條以上，感情線又滿佈向下延伸的支線，這位男士想必是愛得轟轟烈烈但往往下場悽悽慘慘。投入愛情極深卻難有姻緣宿命，是紅粉知己眾多的老光棍典型（圖七）。

同樣地，婚姻線上多直線相交而呈多重井字形的人也是「好事多磨」型的，不是遇不到理想對象，就是老談戀愛卻也進不了禮堂。若是主要的婚姻線紋路又不夠清晰明顯，那就更加令人不勝唏噓了。

還有一種不容易結婚的男人，則是具有兩條清晰度及長度相同的婚姻線，總是徘徊在三角戀情的十字路口，不知娶誰才好。總之，被他們娶回家的女人多半是輸家，贏家反而是當初被淘汰的那一位。

結婚之後能安分守己的男人，婚姻線上多有上行的分叉支線，表示婚姻越陳越香。婚姻線有下行的支線則正好相反，婚姻狀況則是每況愈下。而喜歡偷腥的男人則是婚姻線前端呈三條分叉（圖八）。要是感情線又過長且呈鎖鍊狀，那麼他們的外遇對象恐不只一兩個，足以讓妻子頭昏腦脹，不知該瞄準誰才好。

婚姻線前端分叉、或在小拇指與無名指之間向下彎曲而與感情線相交，代表婚姻狀況容易勞燕分飛。此一情形顯示他們與配偶之間相處是日久情疏，不容易通過時間的考驗。

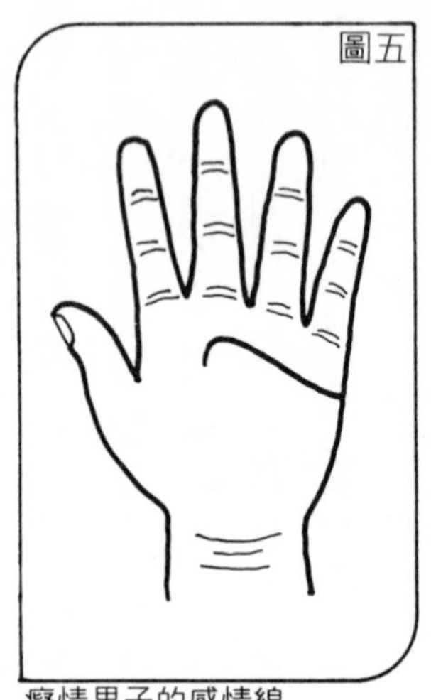

癡情男子的感情線

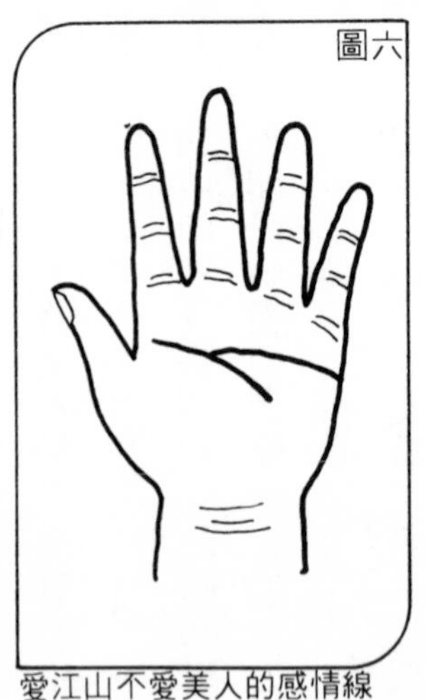

愛江山不愛美人的感情線

圖七

情深緣淺的老光棍掌紋

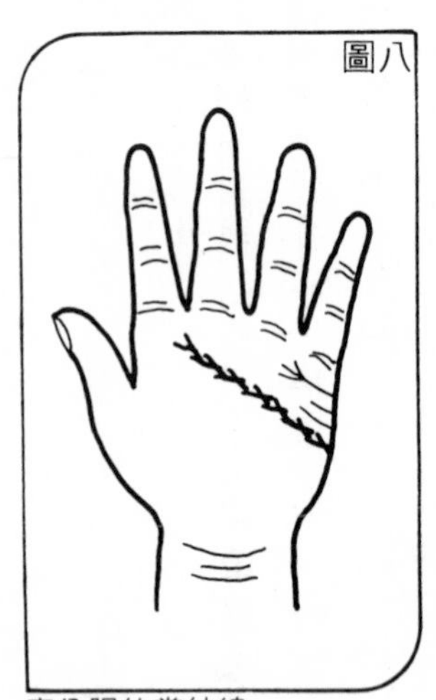

喜偷腥的掌紋線

☺從掌丘觀察男人的感情觀

太陽丘及金星丘掌管愛情，不論男女，只要太陽丘、金星丘發達，就表示其人感情熱切豐富，也容易擁有完美愉悅的感情生活。

若是太陽丘平坦，金星丘發達，則表示其人浪漫有餘但理性不足，容易墜入情網。若是婚姻線所在的水星丘高而隆起，那可就成了一個無性不歡，重視肉慾的男人。

所以，太陽丘和水星丘一樣豐隆，表示戀愛及婚姻較甜蜜無瑕，而不會有花心及背叛的情形發生。

木星丘隆起的男人重視權力，在愛情世界裏亦喜歡手握主控權，是大男人主義的典型（圖九）。而火星平原過於凹下的男人正好相反，是需要女人發揮母愛寵溺及呵護的小男人（圖十）。

火星丘PARTI及火星丘PARTⅡ都很發達的男性，是屬於心動不如馬上行動的典型，絕不放過追求心儀對象的機會。如果正好相反（即凹陷），妳可就要為他們的優柔寡斷及裹足不前而十分煩惱了。

月丘和金星丘一樣發達有彈性的男人，對愛情專一，妳若有緣與其相交，你們的愛情將會歷久彌新（圖十一）。

☺掌形也可看出男人的戀愛觀

手掌橢圓、手指呈尖錐細長形狀的男人，是理想主義者，對戀人的要求極高，希望對方是才貌雙全世間才有的奇女子，而且因此展開一段如夢如詩的戀情。面對這樣唯美浪漫的男人，妳所要承受的壓力可不小。

手掌長、手指各指節突出，這種掌型的男人看重精神戀愛，忽視男女之間的原始肉慾。他們注重品格，也同樣嚴厲要求對方。最好遇上心性純潔的聖女貞德，和他們一起在純情的世界比翼雙飛。

方型的手掌再加上粗細相同呈圓筒狀的手指所組合出的手，是屬於腳踏實地談戀愛的人。羅曼蒂克的情懷對他們來說，還不如提供現實保障來得真心誠意。他們送給妳的往往不是鮮花，而是一本數字不斷上升的存款薄——俗氣嗎？這可是他們最典型的求婚方式。

手指粗短呈圓錐形而手掌大的男人，擅於應付各類型的女人，他們的愛情是一見鍾情但後勁乏力，不過卻是「愛過總比沒有好」的支持者。對於這種浪漫派，妳想要網住他們，除了具有耐力及耐心之外，還得是製造戀愛氣氛的高手，使他們能一直有沐浴愛河的感覺才行！

如果一個男人具有各種不同的手指形狀，那多半是情場浪子，一生戀愛無數，有善終的不多。妳絕不會是他們的最初或最後的選擇——要他們不談戀愛，就等於要他們承認自己毫無魅力，那活著還有什麼意思呢？

擁有長得像勺子一般形狀的手指，手掌又長又大的男人，深諳情場如戰場的道理，談戀愛衝鋒陷陣絕不落人後，不達目的絕不罷休。面對這樣的男人，妳不嚇得四處逃竄，就是很快的成為他們的愛情俘虜。

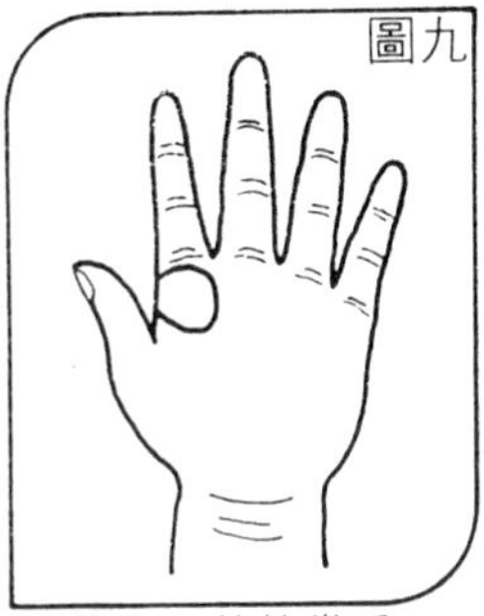

圖九

大男人主義的掌丘

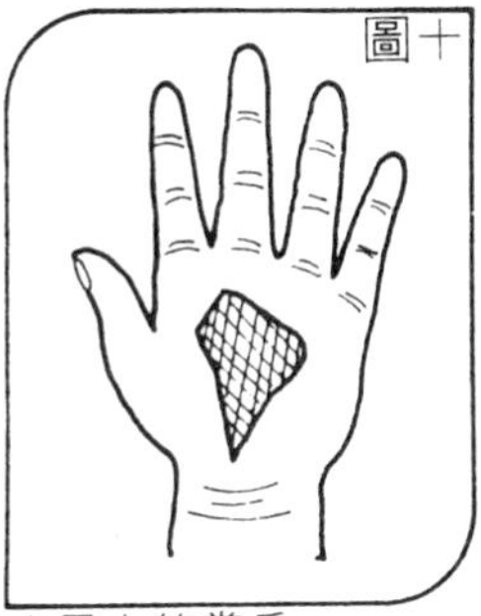

圖十

小男人的掌丘

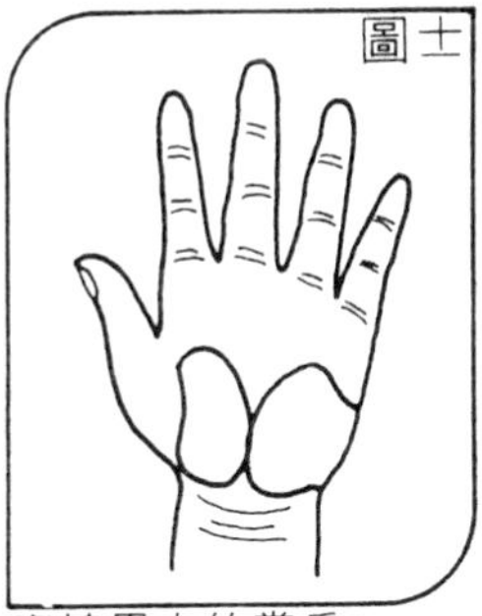

圖十一

專情男人的掌丘

☺姻緣路上機會多——從血型及星座看男人

據說，研究血型及星座的女性比男性多得多，而且多偏在感情對象的部分。不論妳是不是此道中心，血型V・S星座的確是深入男性內心世界的最有效方法，幫助妳了解他們，更知道如何在情場上應付自如與順利找到好對象！

A型男人V・S十二星座

A型男人沈穩內斂，有修養卻嫌衝勁不足，有城府卻太過陰沈及優柔寡斷……，女人常覺得他們很溫文、很儒雅，卻不太像男子漢——真的嗎？

★A型男人V・S土象星座

A型摩羯座♂：愛情總是慢半拍

他們對愛情忠實，卻反應奇慢，總是愛妳在心口難開！不是時機未到，就是怕妳還不夠愛他們。碰上這種愛情慢郎中，妳得用力地暗示，還得耐心地等待。總之，好事不一定多磨，但要慢慢來。

A型金牛座♂：簡簡單單談戀愛

難度太高的愛情，他們絕不會嚐試。兩小無猜、青梅竹馬式的戀情反而是他們的感情模式。他們真的不喜歡花太多心思去經營愛情，所以希望對象越單純越簡單，甚至有一點笨也沒有關係。

A型處女座♂：愛妳在心口難開

他們真的不是情場上的勇士，甚至有點遜，看起來倒像是食古不化的老學究。誰叫A型處女座男子挑剔自己也挑剔別人，一旦遇到夢寐以求的妳，只會中規中矩地呆立一旁，其實他們很恨自己這麼放不開，可是假正經會帶給他們最大的安全感。

A型男人V．S火象星座

A型牡羊座♂：愛的一團混亂

他們時而熱情直率，時而暴躁敏感，任誰也猜不透他們到底要怎樣？深陷情網的A型牡羊座就是這麼混亂，妳最好保持清醒。

但如果他們一切正常，就表示妳跟他是毫無希望了。諷刺嗎？

A型獅子座♂：小生怕羞的性格

他們看似熱情，其實內心十分羞怯，往往對愛情是雷聲大而雨點小，想追又不敢追，往往只會等對方行動，才會有所回應，是標準的小生怕羞。

A型射手座♂：收放自如的愛情專家

在感情上，他們灑脫的不像一個A型人，合則來，不合則去，沒什麼好眷戀的。反正生性愛自由，戀情以不妨礙自由為先。而且要命的是，他們深信戀情乃是舊的不去，新的不來。

A型男人V．S水象星座

A型雙魚座♂：博愛的情人

他們不風流，但是博愛，對每個女人都同樣地好，好的讓妳簡直想殺光所有的情敵！A型雙魚座的男人天生就喜歡照顧弱小的族群，尤其是柔弱的女子。

A型巨蟹座♂：容易受傷的男人

顧家、善感、溫柔，A型巨蟹座是女強人夢寐以求的典型，他們卻怕極了這樣的組合。寧願尋找同樣溫柔的族群，無憂無慮地，相守在一起。

A型天蠍座♂：理智戰勝感情

在他們心中，理智通常戰勝感情，妳要想轟轟烈烈地愛一場，千萬別找他們。A型天蠍座的男人嚮往安定、變動不大的感情，這一點常常氣死希冀熱情擁抱，高潮不斷的女人。

A型男人V．S風象星座

A型水瓶座♂：老式情人

說他們老古板一點也不錯，看到女性還會羞澀臉紅。要他們快點墜入情網是不可能的，不是左顧右盼就是一看再看，唯恐受傷也怕傷人。

A型雙子座♂：愛情世界的逃兵

要他們正經八百談戀愛，他們只有逃避的份，還是別白費力氣了。等他們累了，自然會倦鳥歸巢。否則他們為了爭取自由，是會一去不回頭的。

A型天秤座♂：待價而沽最省事

光是被動也就算了，A型天秤座男人懶得去經營愛情也是一絕。他們知道自己絕不會沒人愛也沒人要，所以乾脆坐在那裡等機會，反正總會有女人上門。

B型男人V·S十二星座

他們全都是花花公子?至少妳表面上看不出老是心猿意馬的B型男人，會作一個愛情乖寶寶。不過，人不可貌相，B型男人的大方坦率，會讓妳有冒險一試的念頭！請來看看這個花花世界吧！說不定會改變妳的看法！

B型男人V．S土象星座

B型摩羯座♂：一旦戀愛就會性情大變

他們有時會表現出活潑有趣的一面，這就是墜入情網的開始。壓抑過度的摩羯座男人會因愛情的精靈而管不住自己。記住，他們喜歡精靈的女子來改善刻板的個性及人生，死氣沈沈或呆若木雞只會讓他們回到原點。

B型金牛座♂：寧取一杯白開水

說實在的，他們的愛情世界非常平淡，就像一杯白開水，淡而無味但有益健康。他們選擇對象也是如此，讓對方感覺很可靠——就是有點乏味。

B型處女座♂：戀愛使人頭腦混亂

他們不挑剔，不會讓妳神經緊張，反而讓妳詫異他們有點脫線……。他們對心儀的對象會一反常態地不知所措，甚至有些不理性的言論和行為——妳會因此懷疑，這就是那完美主義的處女座嗎？如果他們一切正常，充分地發揮思辨能力，那就表示妳和他們不來電！

B型男人V．S火象星座

B型牡羊座♂：花花公子的典範

用「花心」形容他們，一點也不為過。他們熱情洋溢，願與各色美女為友，而且非常吃得開。

他們真的很難定下來，本身魅力使然。獵艷對他們來說一點也不難，雖總有陰溝裡翻船的時候，但是等傷痛過去，他們仍然不會退縮，而且越戰越勇。

B型獅子座♂：到手之後彈性疲乏

真該為他們追女生的勇氣喝采，屢敗屢戰！但是妳同時也會訝異，成功之後他們的熱度遽降，這是怎麼回事？

B型獅子座的男人愛好自由，容易厭煩於太安定的感情生活，所以會在到手之後便失去以往的熱情，妳要使他們一直保持熱情的方式不是不就範，而是若即若離。

B型射手座♂：四處留情的愛神

不知道丘比特跟他們有沒有關係？他們神出鬼沒的伎倆像極了他，四處留情的作風更是令妳氣得牙癢癢的！有沒有興趣和他們挑戰？這倒是喚醒他們危機意識的好辦法喔！

B型男人V‧S水象星座

B型雙魚座♂：浪漫唯美派

他們會沈浸在愛情的夢想中，幻想自己是情聖。也只有戀愛能讓他們如此全心投入，終日茶飯不思。而且一段接著一段，不斷地以愛潤澤世界。

B型巨蟹座♂：見異思遷乃家常便飯

巨蟹座之中，他們最花心。儘管心有所屬，仍不忘自命風流而走私一番。重

感情的B型巨蟹座之男子卻沒有快刀斬亂麻的本事，往往使自己進退維谷。

B型天蠍座♂：對妳愛不完

他們就是標準的烈火情人，好比郭富城的那首歌——「對妳愛不完」。但B型天蠍座之子也要求妳必須完全屬於他們，要是有二心，一旦打翻了醋罈子，後果不堪設想。

B型男人V．S風象星座

B型水瓶座♂：建築愛情的大同世界

理性的水瓶座中，以他們最浪漫，充分發揮水瓶座友善及博愛的態度，「照顧」每個欣賞的女性。面對這種唐璜式的情人，如果不想與人一爭長短，就盡快逃離吧！

B型雙子座♂：善變的心四處飄零

他們究竟愛誰，連自己也搞不清楚。B型雙子座之男子素來缺乏愛情中心思

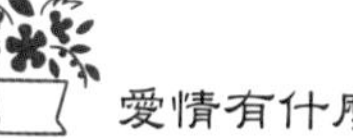

想，總是搞得情勢曖昧不已。但他們多半選擇穩定性高的女性為終身伴侶，以保障自己的婚姻。

B型天秤座♂：蒐集情人破記錄

妳很難想像，他們到底有多花？也許妳想都想不到，看似認真的他們，婚前婚後的情人多得數都數不清。他們那有點放浪又不太放浪的形象，最讓女人為之芳心大動！

O型男人V．S十二星座

好一個虎虎生風的大男人，所有沙文主義之最，似乎非O型男人莫屬。強悍、固執、好勇鬥狠，據說軍人及冒險家之中以O型人最多……。但O型男人渴望安定的心，卻也是四大血型中最強烈的矛盾吧？

O型男人V．S土象星座

O型摩羯座♂：一百分家長和不及格情人

安定的家比任何的浪漫情愫都重要，O型摩羯座男子會為家族付出一切。但他們卻是一個不及格的情人，不會鮮花燭光獻殷勤，只是老實木訥地脈脈含情……。也許妳在相親的時候，會發現成群結隊的他們！

O型金牛座♂：認真地策畫將來

在遇到理想對象之後，他們就開始一步一步地盤算：何時結婚？何時生孩子？看起來真是一廂情願。誰叫O型金牛座的男人如此務實又認真呢？妳別以為他們真老土，那種體貼伴侶的溫柔可是其他男人望塵莫及的。

O型處女座♂：細火慢燉調製理性的愛情

妳必須善於「烹飪」愛情，不然怎能經得起O型處女座男子細火慢燉地煎熬？他們太講原則了，以至於時時刻刻保持完美主義的立場，偶爾還會批判對方不夠理性……。他們堅信愛情應是理性平和的，時間越久，才越經得起考驗！一見鍾情式的瘋狂愛戀是野獸派的作風，只會令他們徹底懷疑愛情的價值何在。

O型男人V．S火象星座

O型牡羊座♂：發揚愛情沙文主義

好個大男人報到！他們可是喜歡溫柔賢淑的女子來作「牽手」，一旦於焉不合，立刻掉頭他去，絕不留情。

他們不是無情，只是覺得一個大男人應該勇於保護「弱小」的女性，女性也應有女性的樣子，不要想改變他們大男人主宰一切的原則。妳受得了他們嗎？偶爾作作「被保護動物」也不錯！

O型獅子座♂：絕不放棄，追求到底

這樣的大男人是不容許他們的自尊及驕傲被踐踏及忽視的，他們的眼光很高，一旦看上的對象都是最佳情人、妻子的人選，所以怎麼樣也要追到手！如果妳想要遺棄他們，覺得他們太黏人，妳會發現他們竟決心拼到底。

O型射手座♂：專情的好情人

射手座男人之中，他們最專情，不會見異思遷，不過會適當的與妳保持距離，他們也需要自由的空間，有點黏又不太黏的感情最適合他們了。

O型男人V．S水象星座

O型雙魚座♂：時間考驗真正的愛情

他們雖然富有博愛精神，但是絕對不亂愛。剛開始發情時難免心猿意馬一番，但最後終能收斂心性，專情於結婚對象。只是妳到底要等多久，才能獲得他們的真愛呢？恐怕他們心中也沒有答案。

O型巨蟹座♂：認真戀愛為了成家

結婚是為了建立一個堅實溫暖的家，O型巨蟹座男人可是會認真的追求，認真的戀愛，認真的建立自己的堡壘。一旦他們看上妳，想的可是一輩子的事情了。

O型天蠍座♂：一生只有一決選擇

他們愛自己，更甚於愛妳。不過他們的忠誠度很高，不會輕易出軌。因為他們非常自豪於自己的選擇，不僅認為妳是最好的，更覺得自己是不可多得的。

O型男人V．S風象星座

O型水瓶座♂：愛情誤會一大堆

愛情是從友情而來，但他們標準可嚴苛了，只是溫厚的外表令妳看不出來，所以頻生美麗的誤會，但他們卻無動於衷，令妳為之氣結。真正動情的O型水瓶座男子是很衝動的，已無所謂的理性可言。

O型雙子座♂：讓愛自由

提到他們的感情觀，不禁讓人搖頭又嘆氣。他們在風象星座世界裡的主動無人能及，善變也是一樣。明明才剛剛定下來，卻又有心改變現狀，倒不是想換女朋友，而是害怕突如其來的束縛，破壞了得來不易的自由。

O型天秤座♂：謹守愛情中庸之道

不濫情，卻也不熱情。平穩稍嫌呆板的O型天秤座感情世界是力主中庸之道，無太過亦無不及，常使得對象搞不清楚彼此究竟是愛人還是朋友。

AB型男人V.S十二星座

捉摸不定的AB型男人就像一隻變色龍，總是因時因地而有不同的變化，讓女人又怕又恨，卻又愛得一塌糊塗。他們對妳發誓了一次又一次，但永遠不會遵守！因為他們實在太愛自己了，愛到不願為某人某事而受到羈絆。想用繩索套住他們的女性還是死心吧！不妨先看看下面的星座剖析——

AB型男人V.S土象星座

AB型摩羯座♂：愛情角力常勝軍

和他們比耐性，妳輸定了。不管愛不愛妳，他們是絕對不說的，直到適當時機，才會以親疏遠近表明態度。妳不是一語驚醒夢中人，就是陪他們拗下去！只不過，妳得有超強的勇氣或過人的耐力才行。

AB型金牛座♂：愛情與婚姻燃燒一瞬間

妳真不知他們心裡到底想什麼？總是在妳左右卻不表態！他們是在觀察，也在考慮，究竟何種女子最令他們動心。其實答案多半是極度女性化的女子，才能讓他們的保護慾徹底滿足……。那答案既已揭曉，他們還在晃什麼？其實，他們只是在想，把婚戒套在妳手上，到底值不值得？

AB型處女座♂：堅持走自己的路

嚮往獨身的AB型處女座男子，在感情方面是絕對堅持我行我素的生活方式，不會想要為愛改變自己。他們不那麼看重愛情，厭惡沒有自我的日子。但如果妳硬要闖入（或是因緣際會）他們的世界，他們會立刻準備手術刀，先下手為強，好好把妳改造一番，以符合他們的需要及理想。

AB型男人V．S火象星座

AB型牡羊座♂：陰晴不定的愛情

愛上他們的人可累了，好的時候甜如蜜，爭吵的時候鬧翻天，他們那熱情如火的個性，也充分發揮在脾氣上，然後發洩對象永遠是最親愛的人。

如果妳也是個火爆娘子，還是好好考慮吧！火上加油的愛情可是很傷人的。

AB型獅子座♂：謀定而後動的智者

他們不打沒把握的仗，總是看準了才行動，不會因急躁而壞事，也不會延誤軍機。一旦AB型獅子座的男人決定要追求妳，必定是妳也傾心於他們，一來一往，很快就能爆出火花！

AB型射手座♂：難以決定心落誰家

整天都是徘徊在脂粉叢裡，AB型射手座男人真沒有一個對象嗎？是因為太多了，變成了瑪麗不錯，海倫也好，珍妮看似亦不賴！妳想給他們一點教訓嗎？掉頭離去，然後置之不理，反而會讓他們眼睛一亮！

AB型男人V·S水象星座

AB型雙魚座♂：無怨無悔的付出

對於愛情的執著，AB型雙魚座的男人可謂是少見的痴情漢，更會為心上人無怨無悔的付出，所以常在愛情遊戲中遭殃而不自知。但妳有所不知，他們是即使受傷也執迷不悔的。

AB型巨蟹座♂：打破愛情本位主義

體貼的男人非他們莫屬，他們也是最沒有架子及本位主義的男人，不太會預設選擇對象的標準，只要遇上了，愛情就自然而然發生了。

AB型天蠍座♂：暗渡陳倉的戀愛觀

不到最後一刻，妳無從得知他們心裡的感受，並不是不愛，只是不想表現得太明顯，以免事情不成而貽笑大方。其實，他們對感情是很堅定的，只是不喜歡大聲嚷嚷罷了。

AB型男人V・S風象星座

ＡＢ型水瓶座♂：一個人也不錯

想歸想，ＡＢ型水瓶座的男人很少採取主動，卻也受不了太主動的女人。他們很甘於享受一個人寧靜的世界，不喜歡被打擾。他們像是禁慾的人士嗎？是有那麼一點。

ＡＢ型雙子座♂：把握現在最要緊

如果他們今天向妳求婚，趕快答應，以免他們明天又反悔了。ＡＢ型雙子座男子的變化速度比噴射機還快，妳怎麼也追不上。跟他們談戀愛，往往是只有今天沒有明天的。

ＡＢ型天秤座♂：從嚴挑選對象

他們獨身並非自願，只因為太會挑了，才會落到孤家寡人的地步。但即使知道可能有此後果，他們仍不改初衷，發誓非要找到舉世無雙、最完美的對象不可。

☺性不性由他——柳下惠V·S花花公子

坐懷不亂的男人恐怕是性無能，拈花惹草的男人又怕是色情狂！對現代女性來說，追求兼具愛與性的戀情及婚姻，怎一個「難」字了得，更不是男士戴不戴保險套就解決得了。

就讓我們從相學及血型V·S星座的角度，為妳探索男士的「性」觀念及態度吧！妳實在需要了解，他在「這」方面到底是柳下惠、花花公子，還是……

☺觀其眸而知其「性」

看一個男人是否性好漁色，先看他的眼睛

若是雙眼時常混濁不清，下眼瞼部分常呈青黑色，即私生活不夠檢點，特別是喜歡把精力消耗在女人身上。

眼皮薄而無肉的男性，喜歡風花雪月，但一達到目的就會另結新歡，轉戰其他女人的溫柔鄉。

三白眼的男性，性慾很強，往往需求甚烈，而且花招百出，如不節制就會出現縱慾，甚至霸王硬上弓的情況，是屬於高危險群的人士。

眼睛小，或是眼神懨懨欲睡的男士，通常因為精力及征服慾不旺盛，所以不會將性看得十分重要。大眼睛的男士要比他們容易性衝動，也敢作敢當得多，性生活對他們而言，是維繫愛情的重要因素。

☺觀其鼻而察其「慾」

相書曾說，男子鼻形猶如其性器官的形狀，此說法未必值得全信，但已指出鼻與男人性生活的巧妙關係。

鼻子大的男人，要比鼻子小的男人性慾旺盛的多了，而且需求也大。若是加上鼻子過於高挺，則非常強調主控權，尤其是在性生活方面，主宰慾極強，不太能顧及性伴侶的要求及需要。

鼻梁較低陷，鼻子無肉的男士因為意志薄弱，很容易受到桃色誘惑，一再追逐短暫的床第之樂，甚至會成為性行為的奴隸。

戲劇裡常以紅鼻子及酒糟鼻來粧扮丑角人物，事實上此種鼻相多是縱慾過度而產生。遇到這種男性可得小心，他們不只好色淫蕩，而且還有更多令人髮指的不良習性，才會弄成此種滑稽模樣。

☺觀其耳而解其需求

從耳朵可以解讀一個人的慾望需求度，特別是耳垂，一直被都認為是愛情及性慾的象徵。

耳朵肉較多較厚的男人，一般來說都是精力充沛，如果耳垂豐厚，表示他對性的需要屬於正常而不至過與不及。若是耳垂小，但耳朵呈渾圓形狀，就表示會常有性衝動及異常性癖好的傾向，是性需求很強型的族群。

耳朵薄而無肉的男人，在床第之間表現多很吃力，這與他精神及體力欠佳有關。

大耳朵且肉厚，耳垂又豐厚，是屬於敢作敢當的男人，這種個性也表現在他對性的態度上。耳朵小的男人就沒有這份擔當了，即使是做了也不太願意談責任問題，若是再加上耳垂薄又小，那就更是不乾不脆了。

耳朵的形狀以圓形為佳，圓耳朵的男士溫和有風度，不會因為一己之性需求而過分要求對象，不會出現外表風度翩翩，上床卻如狼似虎，比較表裡一致。

尖形耳朵的男人比較自我，常會沈溺在一己的性幻想之中，如果對方不吭氣，他就以為是默認或滿足了，所以這種族群是需要先行溝通的。方形耳朵的男人性子較急，常因此引人誤會，其實他在性方面是比較隱藏及羞怯的，看似大剌剌實則是比較保守傳統的。

除了面相，我們還要從十二星座男人的情慾觀，來幫妳洞悉男人的「性」心理及態度，讓妳更清楚妳的男人「性」趣的程度如何，以及你們是否投合。

十二星座男性的情慾觀

摩羯座♂：嚮往偷情的男人

別以為他們真是那麼循規蹈矩，提到性，那可不！日本劇裡已婚男上司與女下屬的不倫之戀，還真像是摩羯座男人的情慾觀。

他們是卸下武裝後就性好漁色的男人，尤其是逢場作戲。但是絕不會為外遇而離婚，他們的忠實及責任留在家裡，而且不會改變。放得開的雙魚座及天蠍座、摩羯座，還有細柔優雅的巨蟹座及天秤座女性，是最吸引他們的性伴侶。

金牛座♂：床鋪如戰場

他們在床上的表現就像打仗一樣，一發不可收拾！不但勇於衝鋒陷戰，而且持久力絕對令人滿意。他們的體貼更令女人神魂顛倒。他們最能點燃摩羯座、金牛座、巨蟹座、處女座性伴侶的熱情。

處女座♂：性是最後的成人禮

不管他們平常表現如何，在性方面，他們實在不像個大男人！很晚才開竅，又十分膽怯……。處女座是十二星座中對性最排斥也最看不開的。男性比女性好一點，但他們克制衝動的本事卻是一流的。

牡羊座♂：無性不歡的典型

牡羊座的男人十分重視性行為技巧，他們甚至有予取予求的虐待行為出現。誰叫他們的情慾一旦迸發，就完全無法控制了呢？同是大膽的牡羊座、雙子座、射手座，有被虐傾向的巨蟹座及摩羯座，都是他們鍾愛的性伴侶。

獅子座♂：在床上唯我獨尊

喜歡發號施令的獅子座男人，上了床也一樣不例外，總是要對方配合他們的需求，以滿足自身的慾望，雙魚座、金牛座的女性比較體諒他們這種唯我獨尊的心態。

射手座♂：維持高品質的性生活

他們講求高「品質」的性生活，生性風流卻不會胡亂性交，對射手座的男人來說，性是享受，而不是慾望的滿足及發洩，除非對手夠水準，他們才會下海一搏。處女座的難纏會引起他們的征服慾，唯美的天秤座及靈活的雙子座是他們亟欲獵艷的對象。

雙魚座♂：不能抵擋性誘惑

雙魚座的男性，無可避免會沈迷於魚水之歡，很容易與女性發生肉體關係，但卻不管有沒有愛情作基礎。他們喜歡和同是雙魚座的女性，以及牡羊座、射手座、雙子座、巨蟹座的女性享受性愛的歡悅。

巨蟹座♂：重視愛撫及前撫

巨蟹座的男人，著重性的感覺，會花很多時間導引對方進入狀況，堪稱調情高手。和同是巨蟹座的女性及雙魚座、金牛座、牡羊座、處女座、雙子座的女性最能契合。

天蠍座♂：高超的性技巧

性慾及精力旺盛的天蠍座男人，大多有高超的性技巧及持久力，足以使女性十分銷魂。但是他們多半只會對有感情的對象產慾望，對不感興趣的女人則非常冷淡。只有巨蟹座、雙魚座、天蠍座及金牛座的女性最能勾起他們的性慾。

水瓶座♂：淡泊的性慾

水瓶座男性不著重性關係，對無慾的愛情生活很能處之泰然。他們喜歡純粹心靈的交流勝過肢體的交歡。不是性無能，是性慾本身就不強。

雙子座♂：性是一種冒險

他們享受冒險刺激的性生活，不僅對象令人興奮，更講究性技巧，是性關係十分氾濫的男人。他們喜歡和雙子座及射手座、巨蟹座、天蠍座、雙魚座的女性共赴性愛的冒險之旅。

♎天秤座♂：著重美感的性愛

講究的天秤座男人很重視性行為是否唯美浪漫，不願流於苟且交歡。但是性是不能拴住他們的，他們未必投注感情在其間，有時只是玩玩而已。同時追求唯美的天秤座女性，最合他們的心意。

命相小百科

神奇的臉（附錄一）

面相涵蓋的範圍其實很廣，本書僅採擷較普遍、實用及簡易好學的部分，以幫助讀者快速進入面相觀人術的世界。

為方便你在閱讀時，能清楚面相原理所在，特別在此作簡單的介紹——一般而言，面相基本上包括五官、額頭、下巴、臉型的觀察。更深入則包括面部其他的部位：印堂、人中、法令。最難也最需功力深究的部分則是痣及氣色，那可不是一年半載可以掌握得宜的。

面相不只揭露一個人的脾性、運程，還可藉此了解自己的流年運勢。例如某君現年廿八歲，時值印堂的流年，所以以其印堂所代表運勢為今年主運勢，再配合其他部分的觀察。

現將面相所包括的部位及其代表意義，還有所謂的面相運勢，概括介紹如下：

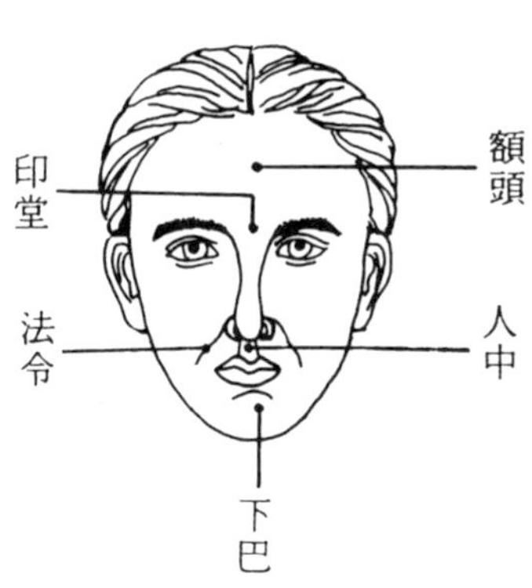

㈠面相重要部位：

臉型——代表個性及脾氣。

五官——眉：事業心、性格。眼：心思、情緒。鼻：財富、事業。唇：感情、忠誠度。耳：人際關係、事業成就。

額頭——智慧、觀察力。

印堂——智慧、器度、生命力。

人中——感情、子嗣。

法令——性向、社會地位。

下巴——事業運。

㈡面相整體區域：

A前額靠近髮際處——交際、人緣。

B髮際處左右二角——父母、家庭、緣分。

C兩眉之間——謀職、事業發展、生命力。

D眼睛下方延伸至兩側髮際——愛情、婚姻。

E雙眼之間（含鼻梁）——健康。

F鼻梁至鼻孔——財運、事業。

㈢面相運勢：

A少年運：（一至十四歲）耳朵。

B青年運：（十五至卅十歲）額頭至眉毛以上。

C中年運：（卅歲至五十歲）眉毛至鼻準頭。

D老年運：（五十歲以後）人中至下巴。

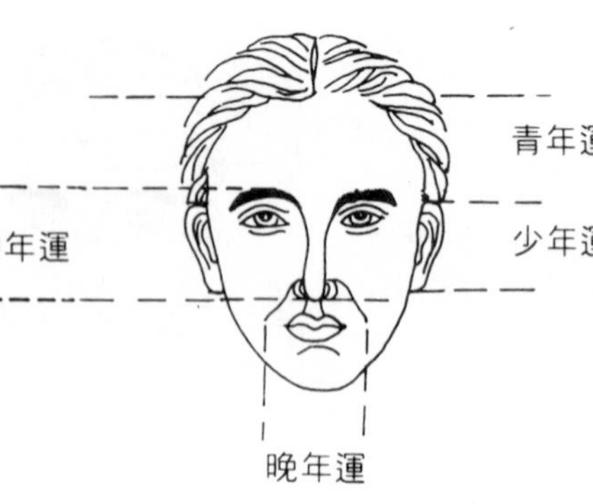

看面相除了分門別類了解，還須各部位互相融合，才能完全窺得堂奧。所以，要在短時間精通面相，並不容易。而且現在整型手術風行，「假相」滿天飛，初學者應多加注意，以免被蒙騙過去。不過，整型對美醜有別，卻無法對命運及個性有任何實質改變，一切還是「照舊」運作，不因外觀改變而有所變化。

奧妙的手（附錄二）

手相包括掌紋、掌形及指形、掌丘以及手的大小、硬軟及膚質的粗細程度，可說是種類繁多，而且以互相配合觀察最為精準。

掌紋的分佈錯綜複雜，但以四大主線主——生命線表示活力及韌性、健康狀況，智慧線顯現智力、思考及處理事務的能力，事業線則揭露事業發展及運程，感情線則關係感情、愛情及感受能力。

掌形及指形是與生俱來的，代表一個人的原始性格及心靈的思想。掌丘則揭露一個人的潛在意識及本能。其中共有——金星丘代表愛情及感受力，木星丘則是權力及野心，土星丘表現處境及環境適應能力，太陽丘代表的則是理性、對外人際關係，水星丘代表賺錢、理財及從商的能力，月丘為藝術，技術及創作能力。

火星丘PARTI是耐力及意志力，火星丘PARTⅡ則是膽量、戰鬥及攻擊能力，火星平原則是一個人的道德觀及生活能力等。

手相有左右手之分，左手為先天宿命的代表，左右前半生的發展。右手則是後天運勢，為後半生的脈絡。通常兩手相配合著看，而以卅歲前互為左主右副，卅歲以後則反過來。不過如果你是左撇子，那就是右手代表先天，左手代表後天，最好注意一下。

手掌的大小可略為看出一個人的志氣及抱負，軟硬及膚質的粗細則顯示處理感情及情緒態度，中醫則有看手掌的氣色來判斷一個人的身體健康程度，通常以紅潤為佳，泛青及發紫都不是好現象。

掌紋──四大主線①生命線②智慧線③事業線④感情線

掌丘──Ⓐ金星丘Ⓑ木星丘Ⓒ土星丘Ⓓ太陽丘Ⓔ水星丘 F_1 火星丘（I）F_2 火星丘（II）Ⓖ月丘Ⓗ火星平原

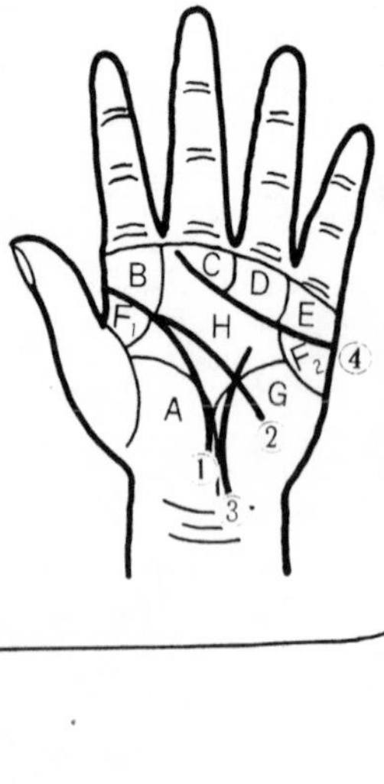

四大血型及十二星座（附錄二）

(一)四大血型

關於血型的知識我們提供不少，從個性、事業、感情等各方面（並配合星座），相信你一定對A型、B型、O型、AB型有基本的了解。

不過，血型雖是天生遺傳而來，但是並不表示不會改變。譬如O型的血可輸給其他的血型以應急，那麼體內的血型是否因此有了變化則有待查驗，但性情是否也跟著改變？這可是醫學上的未竟之謎。

而，心理學界現在所依憑的血型及其行為判斷，是歸納四種血型現行行為再予以分類，而列出種種，以作為參考的資料。

事實上，這四大血型可以M、N、MN再分為十二型（如A型就可分為AM、

ＡＮ、ＡＭＮ等三型），然後再針對是否含ＲＨ因子而分為ＲＨ陽性或ＲＨ陰性的某型血液。通常東方人含ＲＨ因子的血液（即ＲＨ陰性）較稀少，西洋人較多，但整體上來說仍是少數名族。

而這四種血型之間的關係也頗微妙，互有強弱。僅提供簡單的對應關係——

Ａ型➔Ｏ型：Ａ型人的內斂能克制Ｏ型人的衝動。

Ｂ型➔Ａ型：Ｂ型人的聲勢會凌駕Ａ型人之上。

Ｏ型➔Ｂ型：Ｏ型人的穩定將左右Ｂ型人。

ＡＢ型➔Ａ型：ＡＢ型的人的Ｂ型性格令Ａ型人頭痛。

Ｂ型➔ＡＢ型：Ｂ型的大而化之破解ＡＢ型人的神經質。

Ｏ型➔ＡＢ型：這是個性迥異卻能融洽相處的兩種族群。

㈡四大領域的十二星座

十二星座係來自西洋的占星術，將一個人出生時太陽座落在黃道十二宮上的位置，推論其命運及個性。

這種以生日來決定星座的方式，便是常用的簡易占星術，稱為太陽星座，準確度約達到百分之五、六十。但真正精密的占星術除此之外還包括上昇星座，是由出生地向東延伸至黃道上的星座位置，代表一個人的言行及氣質；還有月亮星座，則是出生時月亮所進入的星座而得名，代表一個人的潛在意識及性格。太陽、上昇、月亮三個星座合起來，才是百分之百的占星術。

本書為求真實但不失簡易，只採用太陽星座的理論及算法，也就是以生日決定所屬的星座。又依十二星座屬性不同而分為土、火、水、風四象四大領域星座——

△土象星座——表示穩定

㈠摩羯座（12／23——1／20）又稱山羊座。英文名稱 CAPRICORN，守護星為土星。

㈡金牛座（4／21——5／21）又稱牡牛座。英文名稱 TAURUS，守護星為金星。

㈢處女座（8／24——9／23）又稱室女座。英文名稱 VIRGO，守護星為水星。

△火象星座——表示熱烈

㈠牡羊座（3／21——4／20）又稱白羊座。英文名稱 ARIES。守護星為火星。

㈡獅子座（7／24——8／23）英文名稱LEO，守護星為太陽。

㈢射手座（11／23——12／22）又稱天箭座。英文名稱SAGITTARTUS，守護星為木星。

△水象星座——表示細膩

㈠雙魚座（2／20——3／20）又稱南魚座。英文名稱PISCES，守護星為海王星。

㈡巨蟹座（6／22——7／23）英文名稱CANCER，守護星為月亮。

㈢天蠍座（10／24——11／22）英文名稱SCORPIO，守護星為冥王星。

△風象星座——代表自由

㈠雙子座（5／22——6／21）英文名稱GEMINI。

㈡天秤座（9／24——10／23）又稱天平座。英文名稱LIBRA，守護星為金星。

㈢水瓶座（1／21——2／19）又稱寶瓶座。英文名稱AQUARIUS，守護星為天王星。

國家圖書館出版品預行編目資料

3分鐘精準觀人有撇步／天一居士著.
－－第一版－－ 台北市 宇河文化 出版；
紅螞蟻圖書發行，2003〔民92〕
面　　公分，－－(Easy Quick；29)
ISBN 957-659-353-0(平裝)

1.命相
293　　　　92004741

Easy Quick 29

3分鐘精準觀人有撇步

作　　者／天一居士
發 行 人／賴秀珍
榮譽總監／張錦基
總 編 輯／何南輝
文字編輯／林宜潔
美術編輯／林美琪
出　　版／宇河文化出版有限公司
發　　行／紅螞蟻圖書有限公司
地　　址／台北市內湖區舊宗路二段121巷28號4F
郵撥帳號／1604621-1　紅螞蟻圖書有限公司
電　　話／(02)2795-3656（代表號）
傳　　真／(02)2795-4100
登 記 證／局版北市業字第1446號
法律顧問／通律法律事務所　楊永成律師
印 刷 廠／鴻運彩色印刷有限公司
電　　話／(02)2985-8985・2989-5345
出版日期／2003年5月　第一版第一刷

定價 280 元

ISBN 957-659-353-0　　**Printed in Taiwan**